The radicality of love

사랑의 급진성

욕망, 사랑, 섹슈얼리티,
쾌락의 힘 그리고
혁명에 대하여

스레츠코 호르바트

변진경 옮김

오월의봄

일러두기

원서에 있는 주는 책의 말미에 실었고, 옮긴이가 붙인 주는 해당 페이지에 실었다.

차례

오늘밤 탁심 광장에서 만나요
한잔의 술과 입맞춤
그보다 더 멋진 게 있을까요?

차이나우먼Chinawoman, 〈탁심 광장에서의 입맞춤Kiss in Taksim Square〉(2013)

전희 Foreplay
사랑에 빠지기, 그것은 곧 혁명

사랑에 대해 말을 하거나 글을 써보려는 시도는 필연적으로 매우 큰 어려움, 모종의 불안과 직면하게 된다. 그것은 바로 말은 항상 불충분하다는 점 때문이다. 그러나 이런 시도가 캄캄한 물속으로 뛰어드는 일처럼 보일지라도 우리는 그에 수반되는 온갖 위험을 무릅쓰고서라도 과감히 사랑에 대해 이야기해보아야 한다. 거듭 도전하고 거듭 실패해가면서 더 훌륭히 실패할 수 있어야 한다. 40년 전 롤랑 바르트Roland Barthes(1915~1980)가《사랑의 단상Fragments d'un discours amoureux》에서 언명한 바 있지만, 여전히 사랑의 담론은 극단적인 고독 속에 처해 있다. 이 책은 이러한 상황의 인식하에 쓰였다.

성적으로 과잉된 서구 세계에서 사랑이 결여되어 있다는 사실은 그다지 놀랍지 않다. 그보다 눈에 띄는 것은 최근 세계 전역에서 일어난 대중 시위들, 즉 타흐리르 광장°에서 탁심 광장°°, 주코티 공원°°°에서 푸에르타 델 솔 광장°°°°, 홍콩°°°°°에서 사라예보°

•••••에 이르기까지 사랑은 그 어디에서도 현실적 장소를 차지하거
나 (사랑이 과연 장소를 가지기는 하는가, 혹시 사랑은 언제나 장소가 없는 것
a-topos일까?) 중요한 역할을 부여받지 못했다는 점이다. 거기서 사랑
의 문제는 놀라울 정도로 눈에 띄지 않는다. 사랑은 외진 곳에 은폐되
어 텐트 안에서 속삭여지고 길모퉁이 어두운 구석에서나 행해질 뿐
이다. 물론 탁심 광장에서 입맞춤을 하기도 하고, 주코티 공원에서 격
정적인 정사가 벌어지기도 하지만 사랑이 진지한 토론의 주제가 되
지는 않는다. 이 책은─유감스럽지만 우리 앞에 놓인 긴 여정에서
내딛는 단지 작은 한 걸음에 불과하며, 일종의 전희에 지나지 않을지
도 모른다는 점을 잘 알고 있으며─그처럼 실종되어버린 사랑이라
는 주제에 대한 다소 모험적인 기여로 간주되어야 할 것이다.

우리의 시도는 사랑의 급진성에서 도출될 수 있는 의미를 찾으
려는 것으로서, 사랑에 대한 속류화된 유물론 관점, 예컨대 히피 문

- 이집트 카이로 중심지에 있다. 2011년 1월 25일 민주주의와 자유, 호스니 무바라크 독
재정권 퇴진을 요구한 시위가 이곳에서 일어났다. 결국 2월 11일 무바라크 대통령은
군부에 권력을 이양하고 대통령직에서 물러났다.
- • 터키 이스탄불의 주요 상업, 관광, 유흥 지역으로 수많은 상점과 호텔이 밀집해 있다.
터키에서 일어나는 주요 시위가 이 광장에서 벌어진다. 2013년 5월 이 광장에서 반정
부 시위가 벌어졌고, 5월 31일 경찰의 진압으로 최소 60명이 부상을 입고 수백 명이 체
포되었다.
- ••• 미국 뉴욕 맨해튼에 있는 공원. 2011년 9월 17일 이 공원에서 월가 점거운동이 시작되
었다.
- •••• 스페인 마드리드에 있는 광장. 2011년 5월 15일 수천 명의 '분노한' 젊은이들이 이 광
장에서 긴축 정책과 빈부 격차에 항의하며 시위를 벌였다.
- ••••• 2014년 9월 22일부터 홍콩에서 24개 대학교 학생이 동맹 휴업을 하면서 시위를 벌였
다. 경찰의 최루탄을 우산으로 막아내 우산운동 또는 우산혁명이라고도 불린다.
- •••••• 2013년 5월 30일 보스니아 헤르체고비나 사라예보 소재 의회 주변에서 노동자들이 임
금 인상과 처우 개선을 요구하는 시위를 벌였다.

화의 폭발 또는 68운동의 '성혁명' — 불행히도 그것은 대개 상품화된 욕망으로 축소되고 말았다 —, 그리고 "무엇이든 좋다!"로 대표되는 포스트모던적 방임주의의 시각과는 다르게 사랑을 이해한다. 이 시도는 아주 먼 지점을 향하고 있으며, 적어도 거기에 도달하려고 노력할 것이다. 우리의 출발점은 다음과 같다. "자기의 욕망을 양보하지 말라ne pas céder sur son désir"는 라캉Lacan(1901~1981)의 명제가 잘 알려져 있지만 자신의 욕망에 충실한 채 최후까지 욕망을 따르는 것만으로는 충분하지 않으며, 매번 처음부터 다시 사랑을 재발명하는 일이 의무로서 주어져야 한다는 점이다. "사랑은 재발명되어야 한다"는 랭보의 유명한 격률이 이 혁명적 의무를 가장 적절하게 요약하고 있다.

키르케고르Kierkegaard(1813~1855)의《사랑의 역사Works of Love》는 습성에 맞선 투쟁의 가장 아름다운 한 사례를 통해서 이 재발명의 의무를 매우 훌륭히 포착해내고 있다.

매일 세 번씩 백 문의 천둥 같은 대포소리로 습성의 힘에 저항할 것을 그대 자신에게 상기시키도록 하라. 동양의 전능한 황제가 그랬듯이, 당신을 매일 일깨워주는 노예 한 명을, 아니 수백 명을 곁에 두라. 만날 때마다 당신을 일깨워주는 친구를 가져라. 당신을 사랑하며 밤낮으로 일깨워주는 아내를 가져라. 하지만 이 모든 것이 또 하나의 습성이 되지 않도록 주의하라! 수없이 울려퍼지는 대포 소리에 익숙해지고 나면 당신은 식탁에 앉아서 사소하고 하찮은 소리를 이미 익숙해져버린 대포 소리보다 훨씬 더 분명하게 들게 될 것이다. 매일 수백 명의 노예들이 당신을 일깨워주는 것에도 익숙해져 당신은 더 이상 듣지 않게 될 것이다. 습성이 되어버리면 당신의 귀는 들으면서도 듣지 않게 된다.[1]

사랑에 일어날 수 있는 최악의 사태가 습성이다. 사랑—그것이 정말 사랑이라면—은 끝없는 역동성과 첫 만남의 충실성이 어우러진 형태이다. 사랑은 역동성(끊임없는 재-발명)과 충실성(숙명적이면서도 예기치 못했던, 세계 균열이라는 사건에 대한 충실함) 사이의 긴장 상태, 혹은 일종의 변증법이다. 혁명도 이와 마찬가지다. 혁명이 인간적, 사회적 관계의 재발명뿐만 아니라 혁명 자체의 이론적 전제들의 재발명을 멈추는 순간이면 대개 반동re-action과 퇴보로 이어지고 만다.

진정한 혁명적 순간은 사랑과도 같다. 그것은 우리의 세계, 범상한 일상, 새로운 것은 무엇이든 생겨날 수 없게끔 사방에 켜켜이 쌓인 먼지의 단층에 하나의 균열이 생기는 사건이다. 공기는 답답하지만 어느 때보다 더 숨을 잘 쉴 수 있게 되는 순간이다. 그러나 키르케고르의 경고를 상기해야 한다. 대포 소리에 익숙해져버리면 식탁에 앉아 아무것도 듣지 못할 수도 있다. 그때가 바로 혁명이 위기에 처하고 반혁명의 순간이 대포 소리 뒤에 도사리고 있는 때이다. 대포 소리에 익숙해지는 순간, 혁명이라는 사건의 진실은 사라져버린다. 바로 이런 이유에서 사건들에 대한 온갖 피상적인 분류들('아랍의 봄', '점령운동', '신좌파' 등)이 본래의 사건을 심각하게 오도하고 사건의 진실, 즉 (과거가 아닌) 미래로부터 발생하는 욕망을 왜곡하는 경우가 발생하는 것이다. 그와 같은 분류는 대상을 규정함으로써 그것을 오히려 소외시키고 마는 인간 불변의 욕구에서 초래된다.

아랍의 봄과 같은 것은 없다. 점령운동과 같은 것은 없다. 물론그 사건들 모두가 (조직 형태에서부터 목표의 상당 부분에 이르기까지) 여러 가지 특징들을 공통적으로 내포하고 있는 게 사실이며, 지금 우리가 목격하는 것들은 중대한 사회적 변화를 가져올 수도 있는 (또는 처참한 실패로 끝날지도 모르는) 특별한 종류의 정치적 연속 사건인 것도 맞다. 그러나 그 모두를 동일한 잣대로 감정하고 똑같은 분모로 환원시키는 일은 항상 단순화의 함정에 빠질 위험을 안고 있다. 무언가를 정의한다는 것은 바로 그 정의로써 대상을 한정 짓는다는 의미다(한정하다limit는 경계limes를 뜻한다). 이 사건들이 더욱 심층적인 차원에서 서로 연결되어 있음은 물론이다. 하지만 그 개개의 사건은 동일한 연속 사건 또는 유형의 일부분을 구성하는 동시에 저마다 무언가 새로운 것을 지니고 있다.

신타그마 광장*의 시위와 푸에르타 델 솔 광장의 시위가 동일하다고 보는 사람은 그 각각의 새로움을 감지하지 못한다. 앞서 말했듯이 거기에는 일정한 유형이 존재한다. 또한 당연하게도 그와

---

* 그리스 아테네에 있는 광장. 2013년 정부의 긴축 정책에 항의하는 시위부터 2015년 구제금융안에 대한 국민투표 찬반 시위까지 여러 시위가 이곳에서 일어났다.

같은 혁명적 잠재력이 분출될 수 있는 매우 특수한 역사적 맥락이 (2011년 세계 곳곳의 대중 시위에서부터 그리스의 시리자나 스페인의 포데모스 같은 신생 좌파 정당들의 부상에 이르기까지) 존재한다. 그러나 그 개개의 사건들을 이어주는 것은 단순한 사실들로 환원될 수 없는 그 무엇이다. 그것은 곧 분류되거나 정의되지 않는 어떤 현존감, 깊은 물속에 침잠된 듯한 느낌이다. 철저히 혼자지만 버림받지는 않았다는 느낌, 어느 때보다도 더 외로운 단독자이면서도 바로 그 순간 전과 비할 바 없이 단단하게 다중과 연결되어 있다는 느낌이다. 이 느낌을 사랑이라 말할 수 있으리라. 혁명이 그 이름에 걸맞은 모습을 갖추려 할 때 혁명은 사랑이 된다.

이집트 타흐리르 광장에서 일어났던 기적을 보자. 반정부 시위대와 무바라크 지지세력 간에 폭력이 난무하는 가운데 이슬람교도들이 기도를 올리게 됐다. 이때 기독교인들은 이들을 보호하기 위해 위험을 무릅쓰고 '인간 띠'를 만들어 그 주위를 둘러쌌다. 이 일은 그 당시—지금도 여전히—이른바 '아랍의 봄'에서 보였던 가장 놀라운 장면 중 하나로서, 화합과 용기 그리고 자발적 규율이 빚어낸 순간이었다. 무바라크 정권의 눈에는 정신 나간 행동으로 비쳤을지도 모른다. 하지만 동시에 그것은 광기 한가운데서 빛나는 순수 이성이 아니었을까? 또는 헤겔이 나폴레옹을 두고 말했듯이 "말을 탄 절대정신"이거나 암울한 시절에 우리가 기다리는 고도 Godot *는 아니었을까?

이란 이슬람혁명의 와중에도 비슷한 일이 일어난 바 있다.

14

1979년 3월, 혁명의 지도자 호메이니Khomeini가 여성들의 차도르 착용을 의무화하자 수백 명의 페미니스트들이 테헤란대학 교정에 모여들기 시작했고, 항의시위가 시작된 뒤로 5일간 수만 명의 시민들이 여기에 동참했다. 그때 타흐리르 광장과 유사한 사건이 일어났다. 호메이니를 따르는 신생 조직 '신의 당'(이란 헤즈볼라)이 시위 여성들을 사방에서 옥죄어오자 그녀들의 친구, 연인, 형제인 한 무리의 남성들이 시위대를 둥글게 에워싸고 지켜줬던 것이다.

이것은 사랑의 징후sign다. 다시 한 번 키르케고르가 이 사건에 대한 최고의 설명을 들려준다. "사랑을 믿어야 한다, 그렇지 않으면 사랑이 존재한다는 사실을 결코 알지 못하리라." 이 격언은 혁명에도 그대로 통용된다. 그런데 왜 징후일까? 그것은 아직 사랑이 아니기 때문이다. 그것은 연대다. 모든 연대 행위는 사랑을 내포하고 있고 그런 점에서 사랑의 일종이기는 하지만, 사랑이 곧 연대로 환원될 수는 없다. 연대와 대조를 이루는 자선을 생각해보자. 일반적으로 자선은 일정한 거리감을 포함하고 있다. 예를 들어 걸인에게 1달러나 빵을 주는 행위는 아직 연대가 아니다. 대규모 자선 행사를 조직하고 기부 계좌를 개설하는 등의 행위도 아직은 연대가 아니다. 연대는 자비로운 행위를 한참 넘어서는 무엇이다. 당신은 양심의 요구를 적절히 충족시키면서도 (예컨대 스타벅스 단골 매장에서 아프리카의 굶주린 아이들을 위해 기부를 함으로써), 실제로는 아무 일도 없었

• 사무엘 베케트의 희곡 《고도를 기다리며》에서 블라디미르와 에스트라공이 기다리던 인물. 그러나 끝내 나타나지 않는다.

다는 듯이 일상생활을 계속해갈 수 있다. 그렇지만 일단 연대를 실천하기 시작하면 자선 활동이나 자비를 베푸는 일을 자제하게 될지도 모른다. 길에서 마주친 걸인들에게 한 푼도 주지 않는다 하더라도 아무 일 없었던 것처럼 전과 같이 일상생활을 이어가지는 못한다. 왜 그럴까? 당신은 그를 자신의 삶 속에 받아들여 더불어 살아가며 또한 (오늘날 이민자나 난민의 처지가 이러한데) '통합되어 배척된 자integrated reject'로 대하지 않기 때문이다. 오히려 그는 당신이 하는 행동의 일부이자 나아가 그 전제조건이 된다. 그러나 결코 그의 전부가 수용될 수는 없는데, 사랑의 행위는 그가 처한 불의를 수용하지 않기 때문이다. 연대가 이미 사랑을 포함하고 있는 것은 바로 이런 이유에서다. 이러한 관점에서 볼 때 이슬람교도, 유대인, 여성을 보호하기 위해 인간 띠를 만드는 행위는 아름다운 연대의 사례라고 할 수는 있지만, 사랑에까지 이르려면 거기서 한 걸음 더 나가야 한다. 사랑한다는 것은 특별한 사건이나 계기, 의식적 각성이 일어나지 않은 때에도 사랑을 행하는 것이다. 극히 이례적인 세계 균열의 경험에서(만) 촉발된 것이 아닌 사랑, 지루해 보이는 일상의 활동들, 반복들 또는 재발명 속에서 드러나는 사랑. 그것이야말로 진정한 사건이라고 할 수 있으리라.

'봄'들이 지나고 '가을'들이 찾아왔다. 현재의 역사적 교착 상태는 어느 때보다 더 암울하다. 그러나 앞에서 살펴봤던 (이집트에서 함께 싸우는 이슬람교도들과 기독교도들, 이란의 여성들과 남성들 등등) 그 가능한 미래에 대한 충실함이 진정한 혁명의 전망을 열어 보일 것이다. 빛나던 길에 먼지가 쌓이고, 열정이 최악의 절망으로 (또는 발터 벤야민Walter Benjamin이 말한 '좌파 멜랑콜리'로) 변하며, 혁명적 순간을 향한 마지막 해방의 잠재력들까지 반혁명에 의해 삼켜지고 마는 시절은 기어이 찾아온다. 그러나 가장 큰 패배는 무자비한 현실에 꺾여버린 또 한 번의 패배가 아니라 유토피아적 욕망을 스스로 포기함으로써 맞는 패배다. 이 부분에서 마오쩌둥이 남긴 발언을 음미해볼 필요가 있다. 그는 유명한 어록에서 혁명은 만찬도, 글짓기도, 그림 그리기도 아니며 한 계급이 다른 계급을 뒤엎어버리는 반란과 폭력이라고 말했다. 이제 우리는 이 말을 조금 바꿀 필요가 있다. 혁명은 하룻밤의 정사도, 가벼운 연애도 아니다. 그런 일들보다 쉬운 건 없다. 만일 당신이 혁명을 그렇게 인식하고 있다면, 당신은 격정적인 정사를 치르고 난 다음날 아침 당신 곁에 누워 있는 낯선 육체를 발견하게 될지도 모른다. 어제, 혁명은 세상에서 가장 아름답고 관능적인 연인이었지만, 지금은 마치 색정증 환자Nymphomaniac가 내버려두고 떠난 몸뚱이들처럼 그저 (성교를 끝낸) 육체에 불과한 것이다.

진정한 사랑은 그보다 훨씬 폭력적이다. 당신은 아침에 침대에서 발견했던 낯선 육체의 기억을 털어내고 또 한 차례 하룻밤의 성교나 격정적인 정사를 가질 수는 있겠지만, 진정한 만남은 결코 잊지 못할 것이다. 그것은 폭력 행위이기 때문이다. 1945년에 제작된 고전 멜로드라마 〈밀회Brief Encounter〉(데이비드 린 감독)의 여주인공 로라를 떠올려보자. 그녀는 기차역에서 낯선 남자와 짧은 로맨스를 가진 후에 상상 속에서 남편에게 이렇게 고백한다. "오, 프레드, 난 너무 어리석었어요. 사랑에 빠져버렸어요. 나는 평범한 여자예요. 그런 난폭한 일이 평범한 사람에게 일어날 수도 있다는 건 생각지도 못했어요." 그녀는 남편 곁에 머물게 되지만 그 '짧은 만남'은 그녀의 실존적 전제조건들을 변화시켰다. 그렇다, 사랑은 평범한 사람들에게도 일어날 수 있는 것이다.

타흐리르 광장 시위나 월스트리트 점령운동에서도 같은 일이 벌어졌던 건 아닐까? 물론 모든 걸 바꿔봤자 결과는 예전과 다를 바 없었다고 (이집트 무바라크 대통령 축출 이후 무슬림형제단의 짧은 집권기를 거쳐 재등장한 군부, 오바마 대통령의 재선 등) 말할 수도 있겠지만, 정치적 좌표는 일부나마 수정된 것이 사실이다. 가장 어려운 과제 — 로라처럼 여러 가지 이유에서 (죄책감, 이해심, 습관, 두 사람을 동시에 사랑할 수 있는 가능성 등등) 남편에게 돌아가는 걸 택하는 대신 — 는 지금의 현실을 견디는 것이다. 우선은 가짜 만남에 (가벼운 하룻밤의 정사를 위해 기차역에서 만난 낯선 사람을 따라가는 일) 기만당하지 않도록 해야 하고, 다음으로는 진정한 만남이 불현듯 찾아왔을 때 그 기회를 놓치지 않고 자기의 모든 걸 쏟아부어야 한다(낯선 사람에게 빠지기……). 월스트리트 고층빌딩 앞에서 노래를 부르고 싶으면 마음껏 노래하고, 총알이 날아들 위험이 있더라도 무슬림 동료들을 보호하라.

이것이 '사랑에 빠지는 것'의 진정한 의미다. 결과가 어떻든 간에 위험을 무릅쓰는 것. 이 숙명적인 만남으로 인해 일상의 좌표가 변경되리라는 점을 알면서도, 오히려 바로 그런 이유에서 만남을 갈구하는 것. 그 밖에 무엇이 더 필요하겠는가?

위험은 '사랑에 빠지는 것'에 필연적으로 수반되는 것이다. 하지만 오늘날에는 일체의 위험을 기피하려는 세계적인 조류가 형성되고 있다. 서구의 퇴폐적인 자유방임적 사회로부터 이슬람 근본주의가 지배하는 사회에 이르기까지 모두가 일치단결해 욕망에 대적하고 있는 중이다. 서구에서 새롭게 창안한 소셜 네트워크 서비스(소셜 데이팅 애플리케이션 그라인더Grindr, 틴더Tinder 등)처럼 욕망을 찬양하든, 아니면 ISIS(이슬람국가)나 이란의 근본주의자들처럼 욕망을 금기시하든, 그들의 공통된 목표는 우리가 진정으로 무언가에 빠져버리고, 좌표를 잃어버리는 순간…… 그렇지만 실제로는 어느 때보다 더 우리가 나아갈 길을 잘 알고 있는 바로 그 순간, 그 기회를 근절시키는 데 있다.

알랭 바디우Alain Badiou(1937~)는 그의 훌륭한 저서《사랑 예찬Eloge de l'amour》에서 '사랑에 빠지는 것'의 두려움을 묘사한 바 있다. 어느 날 그는 미틱Meetic이라는 데이팅 서비스 사이트가 파리 시내 전역에 내붙인 포스터와 맞닥뜨렸는데 거기에는 "위험 없이 사랑을 쟁취하세요!" "사랑에 빠지지 말고 사랑하세요" "고통 없는 완벽한 사랑을 찾아보세요" 등의 광고 문구가 적혀 있었다고 한다. 바디우는 이것이 '스마트' 폭탄과 '전사자 제로' 전쟁 개념을 홍보하는 미군의 프로파간다와 유사하다고 보았다. 왜 그럴까? 위험이 없는 전쟁과 사랑은 존재하지 않기 때문이다. '위험 제로'의 사랑은 사랑이 아니다. 소셜 데이팅 서비스 업체에서 당신의 취향, 별자리, 직업, 취미, 지적 능력, 체격 조건 등에 따라 파트너를 선정해줬다면 우연적 만남의 가능성은 모두 사라진 셈이다. 그러나 사랑에 빠진다는 것은 다름 아닌 이 우연성, '빠져듦fall' 속에 존재한다.

　이븐 아라비Ibn Arabi(1165~1240)는 이슬람 신비주의에 지대한 영향을 미친 철학자로 여전히 논쟁의 중심에 있는데, 그는 '사랑에 빠지는 것'의 핵심은 '빠져듦'이라는 점을 일찌감치 이해하고 있었다. '사랑에 빠지는 것'을 그는 하와hawa라 칭했다. 그의 구분에 따르면 사랑이라는 개념은 하와, 훕브hubb, 이슈크ishq, 우드wudd라는 네 단계로 나뉜다.[2] 사랑의 첫 번째 단계인 하와는 문자 그대로의 의미로 '빠지다'를 뜻한다. 다시 말해 사랑이나 어떤 열정이 마음속으로 빠진다는 의미다. 사랑에 빠지게 되는 원인은 세 가지로, 첫째는 보는 것, 둘째는 듣는 것, 셋째는 연인의 후한 마음이다. 보는 것은 하와가 일어나는 가장 강력한 원인이 되는데, 연인을 만나도 그전에 본 것에는 변화가 일어나지 않기 때문이다. 반면에 하와의 둘째, 셋째 원인들은 완전하지 않다. 들음으로써 생겨난 사랑은 봄으로써 변할 수 있고, 연인의 후한 대접으로 생겨난 사랑은 그 베풂이 그치면 중단되거나 약해질 수 있기 때문이다.

　하와는 오로지 신만을 대상으로 하는 것이 아니라 다른 많은 것들도 하와의 대상이 될 수 있다. 그런 까닭에 코란에서 알라는 신자들에게 하와를 따르지 말라고 명령한다. 하와는 신을 향한 사랑의 한 종류이기는 하지만 신과 다른 대상들의 혼재로 타락해버렸기 때문에 신에 대한 순수한 사랑은 아니다.

　알라는 하와를 정화해 그것을 오직 신에게만 향하도록 하라고

명했다. 이 사실을 잘 알고 있는 이븐 아라비는 그럼에도 인간의 마음에서 하와를 근절하는 것이 불가능하다고 생각한다. 하와는 자연 발생적인 감정이기 때문이다. 모든 인간은 각자 다른 대상에 대해 하와를 갖는다. 알라는 이 하와를 자신에게 돌리고 다른 하와를 쫓지 말라고 금했지만, 그것을 뿌리째 없애는 것은 불가능하다.

이븐 아라비는 신앙을 갖지 않은 사람들이 바로 그런 종류의 사랑, 즉 하와를 품고 있다고 본다. 그들의 경우 신에 대한 사랑과 연인에 대한 사랑이 혼합되어 있는 것이다. 사랑의 다음 단계를 이슬람 신비주의자들이 훕브라고 칭한 것은 당연한 일이다. 훕브는 하와가 정화된 형태로서 다른 대상들을 배제시키고 사랑을 오직 신에게만 향하게 함으로써 실현된다. 이런 점에서 훕브는 온갖 종류의 영혼의 때를 씻어낸, 신에 대한 순수하고 순결한 사랑이라고 할 수 있다. 이븐 아라비는 훕브의 이런 의미를 그 어원에서 찾는다. 아랍어에서 훕브는 물항아리를 지칭하는데, 그 안에 물을 담아두면 불순물은 바닥에 가라앉는다. 그렇게 정화된 물을 얻게 되는 것이다.

훕브에서 훨씬 더 강도가 높아진 형태가 있는데 바로 이슈크다. 훕브가 몸 전체에 스며들어 사랑의 대상 이외의 모든 것에 눈을 멀게 하고 마치 혈액처럼 혈관을 타고 전신을 순환하고 있는 상태를 이슈크라고 부른다. 롤랑 바르트가 《사랑의 단상》에서 묘사했던 것이 아마도 이슈크에 해당할 것이다. 굳이 말하자면 그의 책은 사랑 자체보다는 사랑에 빠지는 것에 더 중점을 두고 있다. 사랑에 빠지는 것의 가장 중요한 특징은 바로 징후들이다. 바르트는 사

21

랑에 빠지는 것이 선험적으로 기호학적 체계에 속한다는 점을 성공적으로 보여줬다. 사랑에 빠진 사람은 타고난 기호학자다. 그는 어디서나 어떤 대상에서나 징후들을 발견한다. 이것이 이슈크다.

그런데 바르트의 '사랑의 단상'에 담긴 '단상들'이 주로 사랑에 빠지는 것의 징후들을 관통해가는 여정이라고 할 때, 그렇다면 그 이상의 것, 즉 사랑 그 자체에 더 가까운 것은 무엇일까? 이븐 아라비에게 사랑의 네 번째 단계는 무엇일까? 그것은 앞서 언급된 세 단계의 사랑 모두에게 존재하는 일반적 속성으로서, 우드라고 한다. 이것은 사랑하는 사람의 마음속에 있는 홉브, 이슈크, 또는 하와의 영속성을 가리킨다. 이슬람 신비주의[수피즘]는 바로 여기서 그 정점에 도달한다. "진정한 신비주의자에게 모든 사랑은 신성하다. 세속적 사랑과 신성한 사랑의 구분은 표면적인 현상일 뿐이다. 남자가 여자에게서 신성의 발현을 알아보고 사랑한다면 그 사랑은 신성한 사랑이 된다. 반면 오로지 자연적인 정욕에 떠밀려 사랑하는 자는 창조의 실제를 알지 못한다."[3]

섹스를 예로 들어보자. 서로의 매력에 반하고 더 나아가 사랑에 빠진 두 사람의 섹스는 그야말로 신성과 세속의 가장 경이로운 결합이 아닐까? 평상시엔 불결하다고 여기던 땀과 침 따위들마저 그런 관계 속에선 신성한 무엇으로 돌변한다. 오늘날 우리가 이뤄야 할 혁명도 이러한 수준에 도달해야 하지 않을까? 기독교인들이 이슬람교도들을 보호하는 순간이나 이란혁명 중에 남성들이 시위 여성들을 보호하는 순간은 곧 신성과 세속의 조우, 우드의 발현이 아니었을까?

이로써 우리는 사랑에 대한 한 가지 명제를 제시해볼 수 있다. 즉 사랑을 진정으로 안다는 것은 보편성의 층위에 도달함을 의미한다는 것이다. 이란혁명 중의 사건과 타흐리르 광장의 사건이 서로 겹칠 뿐만 아니라 동일한 구조를 띠는 순간들이 존재한다. 언뜻 불연속적으로 보일 수도 있는 것이 실제로는 연속성을 갖고 있다. 그리고 바로 그 연속성 속에서 보편성의 흔적이 발견될 수 있을 것이다.

C. L. R. 제임스^{C. L. R. James}(1901~1989)[•]의 《블랙 자코뱅^{The Black Jacobins}》에 소개된 아름다운 사례가 주는 교훈도 그와 같다. 나폴레옹이 아이티의 노예 반란을 진압하기 위해 파병한 프랑스 병사들은 한밤중 숲속에서 들려오는 흑인들의 노래 소리를 듣게 된다. 다름 아닌 프랑스혁명의 상징적인 노래들, 〈라 마르세예즈^{La Marseillaise}〉^{••}와 〈사 이라^{Ça Ira}〉^{•••}였다. 병사들이 충격을 받은 건 당연했다. 장교들을 바라보는 병사들의 눈길은 마치 이렇게 묻고 있는 듯했다. "정의는 저 미개한 적들의 편에 서 있는 게 아닙니까? 우리는 더 이상 프랑스 공화국의 병사가 아니란 말입니까? 우리는 정부의 방침을 위해 쓰이는 단순한 도구로 전락한 겁니까?"[4]

• 범아프리카주의 운동을 이끈 트리니다드토바고의 정치 지도자이자 사상가. 1938년 미국으로 이주한 뒤에는 흑인운동이 사회주의혁명에서 갖는 의미와 역할을 이론화하기도 했다.

•• 프랑스의 국가. 프랑스혁명 후인 1792년 프랑스 공병장교 루제 드 릴이 작사, 작곡했으며 1879년 정식 국가로 채택되었다.

••• 군인 출신 거리 가수 라드레가 유행했던 무곡에 가사를 붙인 혁명가로 혁명 직후인 1790년부터 불리기 시작했다.

아이티혁명의 주역들은 자유, 평등, 박애의 이념을 프랑스인들
보다 더 충실하게 받아들였다. 그 이념은 그들에게 전혀 추상적이
지 않았으며, 반식민지 투쟁의 동의어였다. 당시 아이티에서 일어
난 사건은 이란혁명과 타흐리르 광장의 시위와도 유사하다. 자신들
의 해방 투쟁을 기억하는 폴란드군 연대는 아이티 노예 600명을 학
살하는 일에 가담하기를 거부했다. 이것이야말로 자유, 평등, 박애
의 진정한 의미다!

이 급진적 보편성의 가능성을 이해하기 위해서는 다시 한 번 구
조주의적 실험을 진행해야 할 듯하다. 즉 모든 혁명적 사건들을 공
시성과 통시성의 두 가지 차원에서 이해해보자는 것이다. 혁명의
역사를 구성하는 과거와 현재의 사건들 각각은 동시적으로 존재하
기도 하고 (점령운동, 신타그마 광장, 타흐리르 광장, 탁심 광장), 또 한편으
로는 시간에 의해 분리되기도 한다(파리코뮌, 아이티혁명, 10월혁명 등).
그러나 우리의 진정한 과제는 혁명의 역사를 이와 같이 두 개의 차
원에서 따로따로 파악하는 것뿐만 아니라 공시성과 통시성의 상호
작용, 다시 말해 그 둘의 변증법적 관계를 찾아내는 것이다. 다시 한
번 타흐리르 광장(기독교인들이 이슬람교도들을 보호한 경우)과 이란혁
명의 사건(남성들이 여성들을 보호한 경우)을 예로 들어보자. 통시적 차
원에서 보면 한 사건이 다른 사건보다 먼저 일어났다고 할 수 있지
만, 공시적 차원에서는 두 사건이 마치 동시에 존재한다는 듯이 모
두 현재적인 것으로 간주된다. 말하자면 통시적 차원에서 공시적
차원으로 이동할 때에만 진정한 보편성에 도달할 수 있다는 뜻이

다. 이로써 우리는 '저항의 구조주의'라 불릴 만한 무언가를 상상해

볼 수 있다.

아이티 노예들이 부른 〈라 마르세예즈〉가 프랑스혁명의 진정

한 급진성이 발휘하는 생생한 호소력과 그 보편적이고 해방적인 특

성을 전해주듯이, 이란혁명이나 타흐리르 광장의 사건들도 우리에

게 그 혁명의 메아리를 들려주고 있는 듯하다. 2015년 1월 21일, 노

르웨이 오슬로에서는 천 명이 넘는 이슬람교도들이 유대교 회당을

둘러싼 인간 방패를 만들었다. 이는 오슬로의 유대인 공동체를 보

호하는 상징적 행동이자 이웃 나라 덴마크에서 벌어졌던 유대교 회

당 공격에 대한 규탄이었다. 타흐리르 광장 사건의 되풀이가 아닌

가? 유대인, 이슬람교도, 기독교인 등의 정체성을 문제 삼지 않는

것, 이것이 유일하고 진정한 보편성이다. 사도 바울의 《서신Epistles》

중 한 구절이 말하듯이, "유대인이나 그리스인이나, 노예나 자유인

이나, 남성이나 여성이나 구분 없이……".

지금까지 혁명적 보편성을 이런 식으로 — 거의 구조주

의적인 방식으로 — 이해하려고 했던 사람은 페터 바이스Peter

Weiss(1916~1982)˙가 유일하다. 그의 역사소설 《저항의 미학Die

Ästhetik des Widerstands》은 그저 하나의 역사소설로만 분류할 수는 없

는 작품이다. 그는 범주화될 수 없는 (이것이 진정한 예술작품에 대한

• 독일에서 태어나 나치를 피해 스웨덴으로 망명한 극작가이자 소설가, 영화감독. 1975년
  에서 1981년까지 전3권으로 완성한 《저항의 미학》은 유럽 좌파 운동의 역사를 담은 기념
  비적인 소설이라는 평가를 받았다.

최고의 정의가 아닐까?) 소설적 실험뿐만이 아니라 그 이상의 것까지 해냈다. 말하자면 그는 저항의 공시성과 통시성이 현실에서 어떻게 작용할 수 있는지를 보여주는 놀라운 성취를 이뤄냈던 것이다. 《저항의 미학》의 중심 주제는 우리의 노력 여하에 따라 저항을 실천할 수 있다는 것이다. 즉 교육과 학습, 부단한 예술 탐구, 이상의 동일화 과정 같은 노력은 그 자체로 이미 하나의 저항이다. 우리에게는 라캉의 '안다고 가정된 주체sujet supposé savoir' 대신에 랑시에르 Rancière(1940~)의 '무지한 스승'이 필요하다. 얼핏 순진해 보이는 질문(예컨대 아이티 노예들이 프랑스인 식민자들에게 "자유, 평등, 박애의 의미가 뭐죠?"라는 질문을 한다고 상상해보자)을 제기하는 것만으로도 우리는 매우 급진적인 답을 얻을 수도 있다.

사랑의 급진성에서 어떤 의미가 도출될 수 있는지를 탐색하는 우리의 여정은 그처럼 순진해 보이는 질문을 제기하는 실험을 진행해보아야 한다. 이 실험은 1963년에 피에르 파올로 파졸리니Pier Paolo Pasolini(1922~1975)가 16미리 카메라와 마이크만 챙겨 들고 북부 산업지대에서 남부 농경지대까지 이탈리아를 종단하면서 각양각색의 사람들에게 매우 단순한 질문을 던졌던 작업과 유사할 것이다. 파졸리니는 이 작업으로 독창적인 시네마 베리테 다큐멘터리인 〈사랑의 집회Comizi d'amore〉를 완성했다. 영화 속에서 아이들은 아이가 어떻게 생겨나는지, 군인들은 '돈 후안과 자상한 아빠' 중 어느 쪽이 되고 싶은지를 답하고, 축구 선수들은 성적 억압에 대해, 여성 공장 노동자들은 매춘, 처녀성, 동성애, 이혼 등의 주제에 대해 자기 생각을 말한다.

만일 우리가 마이크를 손에 들고 20세기 혁명의 역사가 쓰인 곳곳을 거닐면서 그 주역들에게 ─ 레닌과 체 게바라, 알렉산드라 콜론타이Alexandra Kollontai(1872~1952)*와 울리케 마인호프Ulrike Meinhof(1934~1976)**, 시장 근본주의자와 이슬람 근본주의자까지 ─ 그들이 어떤 대답을 들려줄지 두려워하지 않고, 사랑, 섹스, 혁명에 대해 얼핏 보기엔 순진한 질문을 던진다면 과연 무슨 일이 벌어질까? 이 책은 바로 이러한 의문을 풀어보려는 시도라 할 수 있다. 더 나아가서 현재 세계 전역에서 일어나고 있는 대중 시위들 ─ '아랍의 봄'에서 '점령운동'까지 ─ 에 대한 저자 나름의 소박한 의견 제시로 이해되어도 좋겠다. 다만 이 시위들 가운데서 사랑의 문제가 종적을 감춘 것은 참 의외의 일이다. '아랍의 봄'에서 '점령운동'까지, 상파울루에서 홍콩까지, 그리고 아테네에서 사라예보까지 사랑의 재발명 없이는 다른 세계, 더 나은 세계를 제대로 상상할 수 없다는 점을 인식하고 있는 경우는 거의 없는 것 같다. 사랑의 재발명을 동반하지 않는 세계의 재발명이란 재발명이라 할 수 없다. 20세기의 모든 중요한 혁명들이 ─ 10월혁명에서 이란혁명까지 ─ 사랑과 관련한 인간 삶의 가장 내밀한 영역을 통제하려 했던

• 혁명적 마르크스주의 관점에서 여성과 가족을 연구한 여성학자. 여성 노동자계급을 구성하고, 여성 노동조합과 여권 신장 운동, 자유 연애론 등을 펼쳤다.
•• 독일 적군파 창시자 중 한 명. 1972년 살인 및 강도죄로 체포되어 1974년 8년형을 선고받는다. 교도소 독방에서 복역 중이던 그녀는 몇 차례 단식투쟁을 벌이다 1976년 싸늘한 주검으로 발견되었다.

이유도 바로 그 때문이다.

러시아혁명가 알렉산더 콘Alexander Kaun(1889~1944)˙의 멋진 일화는 군더더기 해설을 달지 않더라도 단번에 이 책의 주제를 드러내줄 것이다. 콘은 이런 얘기를 들려준다. "모스크바에 있을 때 종종 파티에 참석했는데, 거기 가면 아름다운 호스티스가 완전한 알몸에 금색 슬리퍼 한 켤레만 신고 등장합니다. 혁명에 대한 헌신성을 시험하려는 것이었지요. 당시 우리의 영혼은 자유의 나라 러시아에 대한 꿈으로 가득 차 있었기에 알몸의 여성을 보고도 동요하지 않았지요." 그렇지만 세월이 흐른 뒤 그때의 혁명가는 자신의 헌신을 변증법적으로 비틀어버린다. "이제는 그 파티에서 들었던 혁명적 연설들은 다 잊어버렸어요. 내가 기억하는 건 오로지 그녀의 가슴, 천상의 베개 한 쌍뿐입니다."

인생이란 그런 것이다C'est la vie! 2011년 월스트리트의 고층 빌딩을 향해 항의시위를 벌였던 때의 열정들이 다 가라앉고 더 나이를 먹어버린 주코티 공원 시위 참가자, 또는 1979년 이란혁명의 한복판에 있었던 한 시위자가 알렉산더 콘과 비슷한 결론에 이를 수도 있다는 상상이 그렇게 허무맹랑하기만 한 것일까? "우리의 영혼은 세계를 변화시키려는 꿈으로 가득 차 있었지만 지금은 천상의 베개 한 쌍만 기억나요." 이런 고백은 한때 유명세를 탔던 티셔츠의 문구 "형이 이스탄불을 다녀왔는데 내가 받은 건 이 후줄근한 티

˙ 러시아의 혁명가이자 문학비평가.

셔츠가 전부야"라는 말을 살짝 변형한 것처럼 들리지 않는가? 혹은 우리의 맥락에 맞게 바꿔보자면 이렇게 표현할 수 있을 것이다. "우리는 혁명을 한다고 믿었는데 나한테 남은 건 그 여자 가슴을 봤던 기억이 전부야."

이처럼 치명적인 교착 상태에서 벗어나는 길은 어쩌면 양자택일의 대립관계를 극복하는 데 있을지도 모른다. 오늘날 제기되어야 할 진정한 물음은 이것이다. 선택은 정말로 불가피한가? 혁명에 대한 헌신이냐 아니면 '천상의 베개 한 쌍'이냐, 이것이 우리가 할 수 있는 유일한 선택인가? 이 책에서 짧은 〈사랑의 집회〉를 통해 제시하려는 바는 다음과 같다. "사랑이냐 아니면 혁명이냐"라는 질문에 대한 답은 아주 간단하고 (동시에) 아주 어려운 것일 수밖에 없는데, 그 답은 바로 '사랑과 혁명'이다. 오직 이 관계에서만 사랑의 진정한 급진성을 발견할 수 있으리라.

1

차가운 친밀성 시대의 사랑

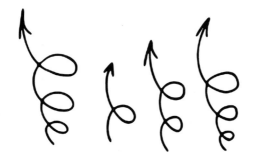

"알다시피 사랑은 재발명되어야만 한다." 아르튀르 랭보Arthur Rimbaud(1854~1891)는 《지옥에서 보낸 한 철Une saison en enfer》(1873) 에서 이 예언적인 말을 던지면서 전통적인 연애관계와 안전성에 대한 갈망을 비판했다.

랭보 그 자신은 십자군 원정과 미지의 탐험을, 풍속의 혁명을, 그리고 마법을 꿈꾸었다. 그는 베를렌Verlaine과의 짧지만 격정적인 연애를 통해서 ― 술과 압생트와 대마초에 흠뻑 빠져 지내면서 ― 자신이 꿈꾸던 삶을 맛보기도 했다. 랭보보다 연상의 시인이었던 베를렌은 잘 알려진 것처럼 아내와 어린 자식까지 버렸다. 그리고 마지막에 그는 랭보에게 두 발의 총을 쏘았다.

시를 완전히 포기하고 아프리카로 떠난 랭보의 극단적인 탈주가 사랑의 경험에서 받은 실망감 때문인지는 지금으로선 그저 추측의 대상일 뿐인데, 적어도 한 가지 사실만은 분명하다. 랭보는 사랑을 재발명하려는 충동 끝에 결국에는 자기 자신을 재발명하기에 이르렀다는 점이다. 처음에 그는 네덜란드 식민 군대에 입대해 자바 섬까지 갔다가 곧 탈영한다. 얼마 후 그는 키프로스 섬으로 건너가 공사장 인부로 일했다. 그리고 마지막에는 예멘과 에티오피아에서 탐험가, 사진가, 심지어는 무기중개상으로 일하면서 여생을 보냈다.

그가 아프리카에서 보낸 편지들을 보면 (《좋은 사람이 될게: 아르튀르 랭보의 편지I promise to be good: The letters of Arthur Rimbaud》에 수록) 그 어디에서도 (자신의 것이든 다른 사람의 것이든) 시에 대한 언급을 찾아볼 수 없다. 마치 그에게 시인 랭보는 존재한 적도 없다는 듯이 말이다.

오늘날과 같은 초연결성과 대규모 감시의 시대에서는 (그 둘은 결국 동일한 것이지만) 랭보의 저 놀라운 탈주는 아마도 불가능했으리라. 틀림없이 파파라치가 아덴 해변에서 찍은 랭보의 누드 사진들이 일간신문을 도배하거나 랭보의 행적에 관한 정보들이 트위터와 페이스북을 가득 채웠을 것이다. 오늘날 숨는다는 건 불가능한 일이다.

지난여름 나는 연이은 학회 행사로 인한 고질적인 과잉 사회화의 여파를 씻어내고 싶었다. 랭보처럼 대탈주를 감행하는 대신에 소박하게 크로아티아의 어느 외딴 섬에 위치한 오래된 어촌 마을 코미자에 몸을 숨기려 했다.

휴가철의 막바지였기 때문인지 내가 도착한 해변에는 피서객이 북적거리는 편은 아니었다. 나는 더 한적한 장소가 있지 않을까 기대하며 언덕 뒤편의 나체 해변 쪽으로 나아갔다. 안타깝게도 그곳에서도 사람들이 심심찮게 보이는 터라 나는 더 멀리 떨어져 있는 텅 빈 해변을 향해서 험한 암벽을 타고 넘어갔다.

마음에 꼭 드는 곳이었다. 주위에는 아무도 없었다. 나는 땡볕 아래 혼자 앉아서 해안으로 밀려드는 파도를 감상했다.

한 시간쯤 지났을 무렵 수평선 위에 작은 점 하나가 나타났다. 그 점이 해변에 더 가까워지고 나서야 나는 그것이 카약을 탄 남자라는 걸 알아차렸다. 카약이 해변에 도착하자 남자가 내려섰다. 그는 알몸이었다.

그곳에는 우리 두 사람밖에 없었으므로 자연스럽게 대화가 시작됐다.

"오늘 정말 덥네요." 그가 태양을 보며 말했다.

그러고는 몸을 돌려 마치 풍요의 신 프리아포스처럼 커다란 성기를 내 얼굴 앞에 드러낸 채 내게 물었다. "더위 좀 식히는 게 어때요?"

"조금 전에 수영을 했는데요."

"좀 더 가면 멋진 동굴이 있는데 못 봤죠?"

나는 여전히 그의 의도를 알아채지 못하고 순진하게 대답했다. "네, 아직 못 봤어요. 그런데 지금 막 책을 읽으려던 참이거든요."

그는 더 직설적으로 말했다. "같이 놀아볼래요?"

그제야 나는 처음부터 대화가 어떤 의도로 이뤄져왔는지 깨달았다. 그저 내가 알아차리지 못했던 것이었다. 나는 좀 더 직설적으로 말했다. "여자친구 있어요."

"나도 여자친구 있어요." 그는 텅 빈 해변 가운데서 대포 소리처럼 큰 소리로 대답했다.

"그런데도 바람을 피워요?"

"뭐 어때요?"

"난 안 해요. 그리고 난 게이도 아니고요."

"나도 아니에요. 그저 즐기자고요!"

"싫어요!" 이 말과 함께 한 편의 여름 로맨스가 무산됐다.

확실히, 먼 바다에 떨어져 있는 섬에서조차 인적 없는 해변을 찾기란 불가능한 시절이다. 그렇게 유쾌한 대화를 끝낸 뒤에도 우리는 여전히 그 해변에 남아 각자 한쪽 구석을 차지하고 앉아 있었다.

잠시 후 이번에는 전보다 훨씬 작은 점 하나가 수평선에 나타났다.

잠수 장비인 스노클이었다.

그것은 해안으로 다가오면서 또 한 명의 알몸의 남자로 변해가더니 금세 해변에 도착했다.

그는 미리 약속이라도 했던 것처럼 곧장 해변에 있던 다른 남자의 옆으로 가 몸을 뉘였다. 몇 분 후, 내게 로맨스를 시도했던 남자가 먼저 일어나더니 멋진 동굴이 있다던 방향으로 떠나갔다. 다시 몇 분쯤 지났을 때 해변에 새로 온 남자가 스노클을 다시 착용하고는 그 동굴 방향으로 헤엄쳐갔다. 누가 알겠는가, 어쩌면 카약을 타고 왔던 남자는 새로 온 남자와 즐기는 데 관심이 없었을지도 모른다. 사실 그는 혁명에 대한 자신의 생각들을 말해주고 싶었을 뿐인데 나 혼자서 그의 제안을 섹스를 하자는 요구로 받아들인 건지도 모른다.

'차가운 친밀성cold intimacies' — 후기 자본주의의 새로운 감정 문화를 가리키는 에바 일루즈Eva Illouz의 조어[1] — 의 시대에 만남은 종종 미리 설정된 프로그램에 따라 이뤄진다. 또한 '섹스 파트너fuck buddies'의 시대에 사람들은 단지 섹스하는 육체fuck bodies로 전락하기도 한다. 오늘날 우리가 직면하고 있는 이 일종의 자유주의적 방임주의 풍조("무엇이든 좋다!")는 과거 '자유로운 사랑'을 주제로 알렉산드라 콜론타이와 레닌이 벌였던 진지한 토론, 또는 코뮌 1과 루디 두치케Rudi Dutschke(1940~1979)• 간에 이뤄졌던 논쟁의 슬픈 희화화라 할 수 있다. 레닌은 이미 10월혁명의 와중에 사랑의 자유에 대한 요구가 부르주아적 개념으로 이해될 소지가 있다고 경고한 바 있다. 그리고 루디 두치케는 68세대가 베를린의 코뮌에서 '자유로운 사랑'을 실행하고 있었을 때 레닌의 전례를 좇아 이렇게 말했다. "여성과 남성의 성적 교환은 사이비 혁명의 찬조하에 이루어지는 부르주아적 교환법칙의 적용에 불과하다."[2]

이에 대한 최상의 예시는 파리의 68학생운동을 배경으로 세 인물의 에로틱한 삼각관계를 묘사한 길버트 아데어Gilbert Adair(1944~2011)의 소설 《성스럽도록 순수한 그들The Holy Innocents》 (1988) — 후에 베르톨루치가 〈몽상가들The Dreamers〉(2003)이란 제목으로 영화화했다 — 이 아닐까? 근친상관 관계를 맺고 있는 쌍둥

• 68혁명 당시 독일 베를린 내 사회주의 학생연맹 지도자. 당시 '붉은 루디'로 불렸다.

이 남매와 이방인 한 명이 합류한 이 삼인조는 혁명운동에 참여하는 대신에 독일의 코뮌1에서나 있었을 법한 행동들에 몰두한다. 소설이 거의 끝나갈 즈음, 젊은 미국인 학생이 68운동의 혼돈을 뒤로하고 떠나가는 시점에서야 우리는 다른 두 명의 주인공들이 경찰에게 화염병을 던지는 장면을 보게 된다. 지금 시점에서 승리한 사람은 누구인가? 자신들의 성적 습관을 철저히 바꾸겠다는 결심을 하고 거리의 폭력시위에 가담키로 한 그 악동 남매는 승자가 아니다. 소설 속에서 그 시위는 아무 의미가 없다고 주장하는 미국인 청년이 바로 오늘의 승자다.

혁명이 목표로 했던 일상생활의 변화는 이제 다양한 포스트모던적 생활양식으로 변질되고 말았다. 적어도 서구 사회에서는 게이나 복장도착자가 되는 일, 또는 두 명이든 열 명이든 동시에 여러 사람과 주기적으로 성관계를 갖는 일은 더 이상 체제 전복적인 성질을 띠지 않는다. 거기서 한 걸음 더 나아가 아무 의미도 없는 주제로 취급받는 실정이다. 생활양식이라는 이 이데올로기가 우리를 어디로 끌고 왔는지 확인하기 위해서는 런던의 캠던이나 뉴욕의 태리타운을 방문하는 것으로 충분하다. 소위 힙스터 문화라 불리는 이곳의 하위문화는 생활양식의 흡수작용을 완벽하게 구현해낸다. 그것은 곧 전복적 잠재력이 말끔히 소거된 일상생활의 순전한 (쾌락주의적) 심미화다. 이곳의 '창의적인 젊은이들'의 가방에서는 체 게바라의 전기가 튀어나와 있을 수도 있겠지만 그들은 정작 일상생활에서 혁명을 수행한다는 시늉조차 하지 않는다.

이러한 종류의 그릇된 '사랑의 재발명'은 초인플레이션 상태다. 2013년에 개봉한 두 편의 영화에서도 그 참담한 결과를 볼 수 있는데, 두 영화는 서로 다른 방식으로 포스트모던적 사랑의 운명을 다루고 있다. 한 편은 스파이크 존즈의 〈그녀Her〉이고, 다른 한 편은 라스 폰 트리에의 〈님포매니악Nymphomaniac〉이다.

이 실패한 '사랑의 재발명'에서 충격적인 순간이 있다면 〈그녀〉의 주인공 테오도르(호아킨 피닉스)가 컴퓨터 연인에게는 없는 육체의 결핍을 채우려는 순간일 것이다. 현실의 한 여성이 테오도르와 성관계를 갖기 위해 초대된다. 일면식도 없는 여성이 그의 집에 도착하는데 그녀를 대신해 말하는 건 바로 스칼렛 요한슨(테오도르가 사랑에 빠진 컴퓨터 운영체제)의 목소리다. 성관계는 잘 이루어지지 않고 오히려 목소리와 육체 사이에 놓인 심연만 더욱 깊어질 뿐이다. 그 결과는 육체와 목소리의 결합이 아니라 그 둘의 완전한 소외다. 그야말로 '지옥에서 보낸 한 철'이라 부를 만하다.

〈님포매니악〉은 그것의 대척점, 말하자면 육체의 무한한 축적을 기반으로 삼고 있는 듯 보인다. 영화의 첫 장면에서부터 아직 앳돼 보이는 조(샤를로트 갱스부르)와 그녀의 친구는 이동 중인 기차 안에서 누가 더 많은 수의 낯선 사람들과 섹스를 할지 경쟁한다. '님포매니악' 즉 색정증 환자인 그녀는 수많은 육체를 수단으로만 이용하면서도 정신적 동요를 겪지 않는다. 소외감이 들게 마련인 낯선 사람과의 우발적인 섹스가 도리어 그녀를 흥분시킨다.

그러나 이런 두 개의 장면들이 완전히 다르다고 생각한다면 잘못일 것이다. 자아도취적인 테오도르와 섹스광 조는 공통적으로 사랑의 진정한 급진성이라 할 수 있을 무언가를 갈망하고 있다. 아무리 님포매니악이라고 해도 섹스 상대가 쌓여갈수록 소외감과 우울증에 빠져드는 건 피하지 못한다. 결국에는 조 역시도 여전히 성적인 형태를 띨지라도 자신에게 친밀한 감정적 접촉이 필요하다는 점을 드러내게 된다.

님포매니악이 실제로는 욕망의 상품화와 소외의 덫에 걸린 존재라는 또 다른 증거는 스티브 맥퀸의 영화 〈셰임Shame〉(2011)에 훌륭히 묘사되어 있다. 이 영화에서는 여자 님포매니악을 대신해서 뉴욕의 젊은 경영인(마이클 패스벤더)이 등장하는데, 그 역시 섹스 상대의 수를 무한정 늘려왔다는 점에서 조의 호적수가 되기에 부족함이 없다. 이 주인공은 온갖 종류의 성행위(스리섬, 주기적 성매매, 게이클럽에서의 구강성교 등)를 벌이며 퇴폐적인 생활을 즐겨오다가 어느 날 놀랍게도 아름다운 사무실 동료에게 매료된다. 두 사람은 레스토랑에서 데이트를 하게 되는데 우리는 이 장면에서 '섹스광'의 가면을 쓰지 않은 상태에서는 그가 초조함과 곤혹스러움, 심지어는 부끄러움까지 느낄 수 있다는 걸 알게 된다. 그는 평소의 습관대로 상대를 곧장 침대로 데려가거나 길모퉁이에서 욕구를 채우는 대신 그녀를 지하철역까지 바래다주고는 수줍게 말을 꺼낸다. (데이트를……) "다시 한 번 해야겠어요." 다음날 사무실에서 그는 좀 더 자신감을 갖고 벽 뒤쪽 은밀한 구석에서 그녀에게 키스를 한다. 뒤이어 호텔로 자리를 옮긴 그들은 서로 격정적인 애무를 나눈다. 그런

데 뜻밖의 일이 일어난다. 결정적인 순간에 그의 성기가 발기하지 못한 것이다. 그녀는 떠나고 그 혼자 호텔에 남는다. 다음 순간 우리가 보게 되는 장면은 매춘부를 호텔방 창유리에 밀어붙이며 섹스를 하는 그의 모습이다. 그는 진심으로 좋아하는 사람과는 성관계를 갖지 못하지만, 그로부터 몇 분만 지나더라도 아마도 그가 다시는 만날 일이 없을 완전히 낯선 사람과는 쉽게 성행위를 치른다. 여기서 우리는 조의 경우와 똑같은 문제를 접하게 된다. 님포매니악이라고 해서 더 깊이 있는 내밀한 관계를 갈망하지 않는 것은 아니다. 다만 그 또는 그녀에게는 상대와 유대감을 형성하는 능력, 단순한 섹스를 넘어서 더 깊은 관계를 맺는 능력이 결여되어 있는 것이다.

크로아티아의 외딴 섬 해변에서 있었던 만남으로 돌아가보자. 그 텅 빈 해변에서 이루어진 두 남자의 만남은 최근의 위치 기반 소셜 네트워크 애플리케이션이 꿈꾸는 가장 환상적인 시나리오가 아닐까? '사랑을 재발명한다'는 목적으로 개발되었지만 실상은 고작 '자유로운 섹스'만 재발명하고 있는 애플리케이션들 말이다.

이런 종류의 애플리케이션들을 선도한 것 중 하나가 2009년에 출시된 '그라인더Grindr'다. 이 앱은 출시 후 얼마 지나지 않아 남성 전용 위치 기반 소셜 네트워크 중에서 가장 크고 인기 있는 네트워크로 등극했다. 그라인더의 공식 웹사이트는 다음과 같이 밝히고 있다. "전 세계 192개국 500만 명 이상의 남성 회원들, 그리고 매일 처음 앱을 다운로드 받는 약 1만 명 이상의 신규 회원들 중에서 언제든지 새로운 데이트 상대, 파트너, 친구를 찾을 수 있습니다."[3]

제이미 우Jaime Woo는《그라인더를 만나다Meet Grindr》라는 짧은 책에서 이 애플리케이션의 실체를 처음 깨닫게 된 상황을 생생히 묘사한다. 2009년 여름, 그는 어느 카페의 테라스에서 친구들과 음료수를 마시며 따뜻한 날씨를 즐기고 있었다. 그곳은 토론토 내에서 동성애자가 가장 많다고 알려진 동네였기 때문에 우의 일행 주변으로 테이블을 차지하고 앉아 있거나 길거리를 지나가는 동성애자들을 흔히 볼 수 있었다. 일행 중 누구라도 가벼운 만남을 원했다면 그다지 어렵지 않게 상대를 찾을 수 있었을 것이다.

"그런데 중요한 점은 그게 아니었다." 우는 이렇게 설명한다. "그라인더가 혁명적인 서비스로 느껴지는 이유는 모든 걸 볼 수 있는 그 능력 때문이었다. 이것은 마치 슈퍼맨의 투시력을 획득해 갑자기 벽 너머를 훤히 꿰뚫어볼 수 있게 되면서 그 주변에서 파트너를 찾는 중인 모든 남성들을 보여주는 상황이라고 할 수 있다."[4]

그런데 진짜 중요한 건 이것이다. 그라인더의 공식 슬로건처럼 모든 게 "바로 옆에" 존재한다면 랭보가 말했던 미지의 탐험은 어떻게 될까?

이 물음에 답하기 위해서·우디 앨런Woody Allen의 영화 〈애니 홀Annie Hall〉(1977)에서 가장 인상 깊었던 장면 하나를 떠올려보기로 하자. 두 주인공 앨비 싱어와 애니가 발코니에서 처음 만나는 장면이다. 앨비와 애니가 서로 상대방의 호감을 얻으려 지적인 말투로 대화를 주고받는 동안 화면 하단부에는 그들의 진짜 생각이 만화의 독백 말풍선처럼 자막으로 깔린다.[5]

앨비가 애니에게 사진을 직접 찍었냐고 묻자 그녀는 이렇게 대답한다. "네, 그냥 재미 삼아 하는 거죠." 그리고 자막에는 그녀의 진짜 생각이 나온다. "내가 재미 삼아 한다고? 이봐, 이건 순 얼간이 같은 소리잖아."

앨비가 잘난 체하며 말을 받는다. "사진은 참 흥미롭죠. 아시다시피 그건 새로운 예술 형태라서 아직 미적 기준이 정립되지 않았으니까요." 그의 진짜 생각은 자막에 드러나 있다. "이 여자 벗은 모습이 어떨지 궁금하군."

애니 쪽에서는 스스로 자신감이 떨어지고 지적으로 부족하다고 느끼면서 되묻는다. "좋은 사진인지 아닌지 구분하는 거 말이죠?" 실제 그녀의 생각은 이렇다. "머리로는 이 사람한테 안 되겠어."

결국 그들은 첫 번째 데이트를 하게 된다.

이 두 사람이 그라인더를 이용했더라면 그들의 데이트는 훨씬 더 빠르고 쉽게 성사됐을 것이다. 만약 우리의 진짜 생각이 (더 정확히 말해서 숙고의 과정을 거치지 않은 순수한 충동이) 우디 앨런의 자막처럼 즉각적으로 드러날 수 있다면 왜 그런 대화에 신경을 곤두세우겠는가? 우리에게 '슈퍼맨의 투시력'이 있다면 왜 괜한 데 신경 쓰겠는가?

모바일 데이팅 애플리케이션의 수익성이 매우 높으리라는 점이 알려지자 2012년에는 이성애자 전용으로 고안된 '틴더Tinder'라는 새 애플리케이션이 탄생했다.

틴더의 공식 웹사이트에 올라와 있는 소개 문구는 〈애니 홀〉의 문제를 압축적으로 가리킨다. "틴더의 비전은 새로운 관계를 형성하고 기존의 관계를 강화하는 데 걸림돌이 되는 장애물들을 제거하는 것입니다." 스무 살 학생 엘리엘 라존은《르몽드 Le Monde》와의 인터뷰에서 이렇게 밝혔다. "거긴 슈퍼마켓이죠. 가서 쇼핑을 하는 거예요!"[6]

과연 이것이 진정한 '사랑의 재발명'일까? 슈퍼마켓에서 상대를 쇼핑하는 일이? 진정한 만남이란 멀고 고된 원정길이나 때로는 지옥에서의 한 철을 내포하고 있는 게 아닐까? 성애적 관계에 치중하는 이 새로운 애플리케이션들 중 대다수는 사랑에 빠진다는 것의 핵심 요소들을 결여하고 있다. 텅 빈 해변에서의 대화를 다시 한 번 떠올려보자. 거기에는 어떤 신비도, 진실한 만남도 없었다. 다른 숨겨진 의도라고는 전혀 없이, 노골적으로 혹은 은유적으로 성적 욕구를 드러내고 있을 뿐이다. 이것은 마치 〈애니 홀〉의 표면적 대화는 생략된 채 속생각을 나타내는 자막만 남겨진 상황과 같다. 그라인더나 틴더의 가장 큰 문제점이 바로 여기에 있다. '진솔한' 대화를 이끌어가려고 아무리 노력해도 실제로는 훨씬 더 표면적인 대화("섹스하자")에 귀결되고 마는 것이다.

이러한 현상에 관해서도 제이미 우가《그라인더를 만나다》에서 간명하게 정리했다. "다른 웹사이트에서 데이트 상대를 찾으려면 해야 할 일들이 있다. 다른 회원들의 상세한 자기소개 글을 읽고, 공들여가며 신중하게 메시지를 작성하고, 답장을 기다리고, 약속

시간을 조정한다. 그라인더는 이 모든 과정을 생략해버렸다. 사용자는 단 한 장의 프로필 이미지로 자신을 소개하고, 관심이 가는 사람에게 인스턴트 메시지를 보낸다. 대부분의 회원들이 빨리 접근 가능하기에 쉽게 만날 수 있다."

위 인용문은 영락없는 악몽의 기술記述이다. 그라인더의 설계 구조가 부추기는 것은 사용자들 간의 신속한 정보 교환이다. 이로써 적당한 상대를 더 빨리 발견할 수 있게 된다. 그러나 사랑에 빠진다는 것의 실상은 예컨대 상대의 응답을 기다리고 (롤랑 바르트가 《사랑의 단상》에서 매우 설득력 있게 보여주고 있듯이), 공들여 신중하게 메시지를 쓰고, 약속을 조정하는 따위의 일들이 아닐까? 랭보가 그라인더를 통해 베를렌을 만나 사랑에 빠지는 것을 상상할 수 있는가? 만일 그런 일이 일어난다면, 그 만남은 아마도 뱅크시Banksy의 책《월 앤 피스Wall and Piece》에 실려 있는 기막힌 풍자시 〈사랑시Love poem〉와 똑같은 결말을 가졌을 것이다.*

지금 우리는 '투명성'의 시대에 살고 있다. 아무것도 투명하지

---

* 서로 바라보는 눈길을 넘어
　달콤하고 부드러운 키스로
　우리의 영혼은 숨도 쉴 수 없는 경이 속에
　서로에게 닿았지.

　끝없이 환한 평화로부터
　내가 깨어났을 때
　아침 햇살에 몸을 감싼 채
　내 휴대폰의 모든 메시지를
　은밀히 살펴보는 당신을 보았지.

않지만 (불투명한 진실을 밝히기 위해 여전히 위키리크스와 에드워드 스노든Edward Snowden이 필요하다), 모든 것이 투명하다. 세상을 더 투명하게 만들기 위한 온갖 종류의 신제품과 혁신기술이 쏟아져 나왔다. 예를 들어, 지금은 오래전 일이 되었지만 1999년 마이크로소프트가 제시한 미래비전 '스마트 홈Smart Home'(생체인식 기술 등을 활용)[7], 분자 스캐너 스키오SciO(어떤 사물이든지 성분 정보를 검사할 수 있는 분자 센서)[8], 스마트 컵 '베실Vessyl'(음용한 음료들의 성질을 자동으로 기록하는 용기)[9], 그리고 전극과 연성軟性의 전기회로를 이용한 오픈소스 디지털 콘돔의 시제품 '전기뱀장어Electric Eel'[10] 등이 있다. 이것이 우리의 미래다. 그리고 다시금, 우리의 악몽이다. 여기서 우리가 목도하고 있는 것은 이탈리아 철학자 프랑코 비포 베라르디Franco Berardi Bifo(1949~)*가 《죽음의 스펙터클Heroes: Mass Murder and suicide》에서 '초-인류로의 이행trans-human transition'이라고 부르는 현상이다. 비포는 이 이행이 결국에는 '신경 전체주의neuro-totalitarianism'에 이를 것이라고 예견한다.[11]

이 모든 기술 혁신들의 공통점은 그라인더나 틴더와 동일한 논리를 갖고 있다는 점이다. 모든 정보가 즉시 공개된다. 더 이상 비밀은 존재하지 않는다. 이런 상황에서 최근 한 프로그래머가 보고 싶지 않은 사람들을 피할 수 있게 도와주는 이른바 '안티-소셜' 네트워크 애플리케이션 '클록Cloak'을 개발한 것은 어쩌면 당연한 일인

• 이탈리아 마르크스주의 이론가이자 활동가. 주로 탈산업 자본주의에서 미디어와 정보 테크놀로지가 차지하는 역할에 초점을 맞춰 연구하며 활동하고 있다.

지도 모른다. 앱 개발자 브라이언 무어Brian Moore는 뉴욕으로 이사한 뒤 예전 여자친구를 마주치는 상황이 반복되자 '클록'을 만들었다. 하지만 이 애플리케이션의 용도는 더 넓은 영역에까지 미친다. 그는 이렇게 말한다. "일반적으로 우리는 항상 너무 많은 정보와 너무 많은 네트워크에 둘러싸인 나머지 사회적 피로감의 단계에까지 이르렀다."[12]

무어의 사례에서 놀라운 점은 점점 더 많은 사람들이 초연결성이라는 병을 깨달아가고 있다는 사실이 아니다. 그보다는 오히려, 예전 여자친구나 혹은 바이버Viber, 페이스북, 트위터, 인스타그램 등으로 연결된 모든 인물들과 연결을 끊고자 하는 사람들이 그 목적을 이루기 위해 이용하는 수단들이 다름 아닌 그들 자신을 병들게 했던 소셜 네트워크 서비스일 정도로 이 병증이 심해졌다는 사실이다. 흥미롭게도 무어는 간단히 자신의 휴대폰을 없애면 된다고 생각하지 않았다. 연결에서 벗어나고 싶다는 똑같은 이유에서 우리는 스카이프나 지메일에 '숨김' 상태로 접속하기도 한다. 여전히 그 서비스망 내에 머물며 여전히 동일한 기능을 사용하면서 말이다. 최신 정보에 따르면 '클록'의 사용자 수는 이미 30만 명을 넘어섰고 계속 증가하는 추세라고 한다.[13] 요즘에는 사람들이 '숨어' 다닌다는 의미다.

이런 현실은 랭보의 아프리카 시절(1880~1891)을 다룬 전기 《타자Somebody Else》에서 저자 찰스 니콜Charles Nicholl이 들려주는 멋진 일화를 상기시킨다. 책의 제목은 랭보의 유명한 표현 "나는 타자다Je est un autre"에서 따온 것이다. 랭보의 생애에서 마지막 16년 동안 그의 진짜 정체가 밝혀진 건 단 한 번, 1883년 알프레드 바르데Alfred Bardey가 아덴으로 향하는 기선에서 랭보를 만났을 때였다.* 랭보는 젊은 프랑스 기자로 행세하고 있었지만 바르데는 랭보의 동창생이 었다. 게다가 바르데는 파리에서 점점 높아가는 랭보의 명성과《저 주받은 시인들Les Poètes maudits》**에 대해서도 알고 있었고, 마침 랭 보의 독창적인 시 〈모음들Voyelles〉도 발표된 터였다. 그럼에도 랭보 는 자신이《레 탕Les Temps》지의 특파원으로 통킹에서 벌어진 사건 취재를 위해 중국으로 가는 중이라고 둘러댈 뿐이었다. 그러다 어 느 순간 랭보의 위장이 들통 났고, 바르데는 그가 바로 그 유명한 시 인이라는 걸 알아차리게 됐다. 정체가 탄로 난 랭보는 두려움을 감 추지 못했다. 나중에 바르데에게 고백하기를, 랭보는 그즈음 베를 렌에게서 온 편지를 받은 적이 있었고 딱 한 번 "Fous-moi la paix" 라고 쓴 답장을 보냈다고 했다. 그것은 "날 좀 내버려둬" 또는 "꺼 져버려"라는 뜻이다.[14]

이 편지들의 흔적은 찾을 수 없지만 랭보의 전기 작가는 바르데 의 회상을 의심할 이유가 전혀 없다고 생각한다. 우리도 그걸 믿지 않을 이유는 없다.

이제 이 짧은 예시 — 랭보의 프랑스 탈주와 베를렌에게 꺼지

---

* 찰스 니콜의《타자》에 따르면, 알프레드 바르데는 기선에서 기자이자 랭보의 동창생이 었던 폴 부르드Paul Bourde라는 기자를 만나 당시 자신의 고용인이었던 랭보의 정체를 알게 되었다. 저자가 혼동한 듯하다.
** 폴 베를렌은《저주받은 시인들》에서 랭보의 시와 일화들을 중요하게 다루었다.

라고 적어 보낸 편지 — 를 '클록', 그라인더를 비롯한 그 온갖 종류의 포스트모던적 혁신들과 같은 맥락에 놓아보자. 우리가 살고 있는 기술시대에 사랑은 실제로 재발명되었는가? 혹시 우리는 아직도 '저주받은 시인'에게 쫓기고 있는 건 아닌가? 오늘날 사랑을 얘기할 때면 대개의 경우 그저 섹스에 대해 얘기하고 있지는 않은가? '섹스하는 육체'의 시대에 모든 사람은 잠재적으로 섹스의 대상이 된다. 그러나 우리에게 필요한 건 단순한 섹스가 아니라 진정한 사랑의 재발명이라면 어떻게 해야 할까?

2

테헤란의 욕망:
이란인들은 무엇을 꿈꾸고 있는가?

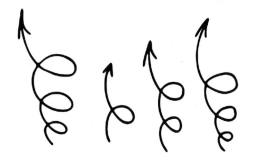

2015년 1월 초, 밤 10시 이후의 테헤란 거리는 기이할 정도로 텅 비어 있었다. 보이거나 들리는 거라고는 굉음을 내며 이따금 환영처럼 지나가는 오토바이뿐이었다. 평소에는 근처 가게에서 양모를 파는 차도르 차림의 여자들과 노점 상인들로 가득 차 있는 하산 아바드 광장조차 아무도 없었다. 낮에 이 광장에서는 차에 탄 채 교통의 일부에 속해 있거나 운전자들을 똑바로 쳐다보면서 그들이 속도를 줄이거나 심지어 멈추지 않을지 예측해보지 않는 한 길을 건너는 게 불가능해 보일 정도이다. 유명한 〈사인필드Seinfeld〉* 에피소드에서 조지는 차가 많이 다니는 도로를 오락실 게임 '프로거'에 나오는 개구리처럼 건너가는데, 바로 이 테헤란의 거리에서 조지가 된 느낌을 쉽게 가질 수 있다. 그러나 밤 10시 이후에는 완전히 다른 인

•   1989~1998년에 방영된 미국의 유명 시트콤.

상을 받게 된다.

밤에 지하철을 타고 유명한(또는 악명 높은) 미대사관이 있었던 (오늘날에는 해골 얼굴의 자유의 여신상 같은 수많은 반미 벽화가 그려져 있는) 탈레가니 역에서 이맘 호메이니 역까지 가면 황량한 도시를 배경으로 한 디스토피아 영화의 장면 같은 풍경이 보인다.

이란혁명이 일어나기 전에는 사람들이 거리에서 차를 마시거나 물담배를 피우는 것이 매우 자연스러운 일이었다. 당시에는 테헤란에 카페와 카바레가 많이 있었다. 1979년에 이란 이슬람 공화국이 설립된 후, 그 장소들은 모두 사라졌다. 더 정확히 말하자면 강제로 폐업해야 했다. 소수의 남은 카페들은 창문 색을 어둡게 하거나 아예 창문이 없고, 건물의 정원이나 위층에 있어 거리에서는 보이지 않는다. 그 이유를 묻는 것은 거의 불필요한 일이다.

하지만 그 이유에 답해볼 가치가 있다. 리처드 세넷Richard Sennett(1943~)의 대표작《공적 인간의 몰락The Fall of Public Man》에 따르면 카페는 대개 체제 전복적인 역할을 적어도 했거나 할 수 있었다. 앙시앵 레짐 기간에는 종종 정치 집단들이 파리의 카페에서 생겨났다. 프랑스혁명이 일어나기 전에는 여러 집단들이 좌안 지역에 있는 르 프로코프 카페에서 모임을 가졌고, 모든 집단이 그들의 장소를 갖고 있었다. 18세기 초 런던과 파리에서 커피하우스는 사회적 중심지뿐만 아니라 주요한 정보 센터이기도 했다. 호메이니가 카페와 카바레의 폐쇄를 결정한 것은 (반)혁명 행위를 위한 수단으로 사용될 수도 있다는 점을 잘 알고 있었기 때문이었다.

테헤란을 떠나 이란 남부에 있는 시라즈나 야즈드에 가면 공적 공간의 소멸 경향을 더욱 뚜렷하게 볼 수 있다. 이란의 도시들은 잠 정적으로 '벽의 건축'이라고 특징지어 말할 수 있다. 전통적인 페르 시아 가옥들은 여름에 태양의 열을 막고 겨울에는 내부의 열을 유 지할 수 있도록 보통 두툼하고 높은 벽으로 지어졌는데, 이 벽이 지 금은 명확한 이데올로기적 목적을 위해 사용되고 있다. (시장 거리를 제외한다면) 집 내부 외에는 사회적 삶이 전혀 존재하지 않는 것처럼 보인다. 잠재적인 체제 전복적 행위뿐만 아니라 (사회화, 집회, 정보 교 환, 체제에 대한 농담 등) 욕망의 존재 자체는 숨겨야 할 대상이다. 결국 욕망보다 더 전복적인 것은 없는 것일까?

질 들뢰즈Gilles Deleuze(1925~1995)와 펠릭스 가타리Félix Guattari(1930~1992)는《안티 오이디푸스L'Anti-Oedipe》에서 이렇게 지 적했다.

욕망이 억압되는 것은 아무리 작은 욕망이라도 사회의 기존 질서 에 의문을 제기할 수 있기 때문이다. 욕망이 비사회적이기 때문은 아니며, 오히려 그 반대다. 그러나 욕망은 모든 것을 혼란스럽게 만든다. 욕망 기계는 사회의 전 부문을 폭파시키지 않은 채 만들어 지지 않는다. 일부 혁명가들이 그 점에 대해 어떻게 생각하든 욕 망은 본질적으로 혁명적이다. 욕망은 축제가 아니다! 어떤 사회든 착취, 예속, 계급 구조를 위태롭게 하지 않은 채로 진정한 욕망의 지위를 용인할 수는 없다.[1]

바로 이러한 이유로 팔레비 왕조 시절에 만들어진 무도장, 당구장, 수영장도 이란혁명 직후 폐쇄되었다. 그리고 소비에트 관리들도 카드게임, 당구, 춤을 교양 없고 퇴폐적인 취미라고 규탄했다는 점은 놀랍게 여겨진다.[2] 이 두 혁명(정확히 말하자면, 이란혁명과 10월혁명 후반)에는 욕망에 대한 태도에서 공통점이 있는 듯하다. 그점은 호메이니가 1979년 6월 28일에 한 연설에서 볼 수 있다.

이슬람교는 음탕한 행동을 금지하며 남자와 여자가 반나체 상태로 함께 해수욕하러 가는 것을 허용하지 않습니다. 우상숭배taghut 시대에는 그런 일이 있었고 여자들이 수영복 차림으로 시내에 갔습니다. 이제 그런 행동을 하면 사람들이 그들을 호되게 꾸짖을 것입니다.[3]

팔레비 왕조의 현대화 — 성적 행동뿐만 아니라 건축에서도 — 는 과거를 지워버리고 (물론 그가 신비적 관련성을 느낀 페르세폴리스는 제외하고) 새로운 현대적 이란을 만들어내려는 충동이 기반을 이루었다. 호메이니도 그와 유사한 충동을 지니고 있었지만 정반대의 건축 방향으로 나아갔다. 그는 팔레비 왕조의 과거를 지우고 신화적인 우르-이슬람ur-islam으로 돌아가기를 원했다. 이것 또한 지우기 행위지만 페르세폴리스와 그 유산(다문화주의, 포도주 등)조차 금지된, 존재하지 않는 과거로 돌아가는 것이었다.

팔레비 왕조의 주거 건축물 철거는 (추정에 따르면 1만 5,000에서 3

만 채에 이르는) 도시 범죄였지만,[4] 호메이니에 의한 '벽의 건축'은 그
보다 더 큰 범죄였다. 그의 혁명은 도시 계획보다 더 깊이 들어갔으
며 건축이 욕망과도 연결되어 있다는 점을 완전히 인식하고 있었
다. 잊혔다가 최근 발견된 앙리 르페브르Henri Lefebvre(1901~1991)의
글,《향유의 건축으로Vers une architecture de la jouissance》에서는 그것을
'향유의 건축'이라고 말한다. 건축은 언제나 욕망과 연결되어 있다.
이러한 이유로 이란혁명 후 테헤란의 건축은 끊임없이 결여된 것,
부재하고 숨어 있는 욕망과 관련되어 있는 것이다. 히잡이 여성들
의 섹슈얼리티를 감추고 있다면 오늘날 테헤란의 건축은 욕망도 그
런 식으로 감추도록 설계되어 있다.

훈데르트바서Hundertwasser(1928~2000)*의 〈창문의 독재와 창문
에 대한 권리〉 선언과 유명한 〈창문에 대한 권리〉가 조언하는 바를
이란의 상황에 적용해보자. 그 선언에 따르면 거주인은 창문 밖 손
이 닿는 곳은 긴 붓으로 원하는 대로 꾸밀 수 있어야 한다.[5] 물론 서
구에서도 이렇게 하는 것이 가능하지는 않지만 이란에서는 이 〈창
문에 대한 권리〉가 오용되어 도시 전역에 초현실주의적인 순교의
벽이 만들어지거나 때로는 벽이 건물 전체를 가려버리기도 한다.[6]
서구 사회에서는 광고판을 신처럼 떠받들고, 이란에서는 호메이니
와 순교자들을 섬긴다. 이 '욕망의 건축'을 해석해본다면, 다음과
같이 단정할 수 있을 것이다. "순교자가 가장 먼저 천국에 간다"는

----

* 오스트리아의 건축가, 화가이자 환경운동가. 그는 여러 작품을 통해 인간과 자연의 조화
  를 표현했다.

(테혜란 탈레가니 가의 순교자 재단 본부 근처에 있는 벽화에 적혀 있듯이) 호메이니의 유명한 격언처럼 희생은 이란의 가장 중요한 이데올로기 연료인 것이다.

위대한 호메이니가 이에 대해 직접 교묘한 설명을 해주었다.

순교를 간절히 원하는 국가, 남성들과 여성들이 순교를 열망하고 간절히 바라는 국가, 그런 국가는 무엇이 부족하든 풍족하든 상관하지 않습니다. 그런 국가는 경제 상태에 신경 쓰지 않습니다. 경제에 구속된 채 그것에 마음을 빼앗긴 사람들이나 경제 상태에 신경을 쓰는 것입니다. 신에게 마음을 바친 사람들은 시장에서 무엇을 쉽게 찾을 수 있는지, 무엇이 싼지, 비싼지 신경 쓰지 않습니다.[7]

종교적 국가기구의 이데올로기적 기능에 대해 이보다 더 나은 설명이 있었을까? 여기서 순교는 일상생활에서 도피하는 것으로 명확하게 정의되고 있다. 순교자가 될 수 있다면 경제가 어떻든 간에 누가 신경 쓰겠는가!

관공서 건물에서 정육점까지 이란 구석구석에 걸려 있는 호메이니 초상화도 마찬가지다. 공항에서 나오자마자 또는 아직 남아 있는 카페에 들어가자마자 어디에서나 빅브라더를 만나게 된다. 모든 리알 지폐에도 그의 얼굴이 인쇄되어 있다. 그리고 이것은 정치적인 이슬람 세계에서만 특수한 일이 아니다. 지도자의 편재는 이란에서 만들어낸 것은 아니었다. 레닌의 죽음 후에 학교에는 영광스러운 지도자를 전시하기 위한 정치적 사당인 이른바 '레닌 코너Lenin Corners'라고 하는 것이 만들어졌고, 스탈린의 경우에는 더 심해졌다. 내가 어린 시절이었던 1980년대 초에 사회주의 국가였던 유고슬라비아는 이미 붕괴되고 있었지만 티토 원수의 초상화가 여전히 학교와 공공기관에 걸려 있었다. 1990년대에 들어 티토의 초상화는 프라뇨 투지만Franjo Tuđman(1922~1999)*과 슬로보단 밀로셰비치Slobodan Milošević(1941~2006)**의 초상화로 대체되었다.

하지만 레닌이나 티토의 초상화는 진보에 대해 전체적으로 믿음을 갖게 하려는 이데올로기적 목적을 위한 것이면서 당파성이 강한 영광스러운 과거를 향수에 젖어 돌아보는 것이며 더 나은 미래에 대해 믿음을 갖는 것이다(오늘날 중국에서만 볼 수 있으며 중국의 경제적 성공의 주요 요인으로 여겨지는 피아틸레트카pyatiletka(5개년 계획)라는 경제 개념에 잘 구현되어 있지 않은가?). 이란에서는 오늘날에도 이런 종류의 '공간 생산'(도시 곳곳에 있는 벽화)은 생의 미래가 아니라 죽음 후의 미래를 위한 것이다. 건축의 목적이 희생의 욕망을 생산하는 데 있는 것 같다.

이란혁명을 죽음의 충동Todestrieb을 전파한 혁명으로 이해할 수 있다면 — 매우 조심스럽지만 — 모든 구석구석에서 에로스가 억압되어야 한다는 점은 놀랍지 않다. 새로운 체제는 건축과 건물(대학,

---

- • 크로아티아가 유고슬라비아 연방에서 떨어져 나온 후 초대 대통령을 지냈다. 권위적인 통치 스타일로 권력을 휘둘렀고, 크로아티아 민족주의를 내세워 세르비아의 슬로보단 밀로셰비치와 대립했다.
- •• 세르비아의 대통령. 그가 벌인 내전으로 수십만 명이 사망했다.

학교, 공공 수영장 등)만 통제한 것이 아니라 이 시설들의 내부에서 일어나고 있는 행위까지 개입하기에 이르렀다.

아자르 나피시Azar Nafisi의《테헤란에서 롤리타를 읽다Reading Lolita in Teheran》를 보면 새 정권에서는 발레와 무용조차 금지되었고 발레리나들은 연기와 노래 중에서 선택하도록 통지받았다는 점을 알게 된다. 그것이 어처구니없는 이야기로 들리지 않는다면 다음과 같은 생각 실험을 해보자. 신경학 전문의에게 심장학으로 전공을 바꾸도록 제안한다거나 화가에게 첼리스트가 될 것을 제의한다면 어떻게 되겠는가? 일부 발레리나들은 실제로 이 강요된 선택을 받아들여 가수가 되었을 수도 있겠지만 그 체제는 곧 그들에게 더한 어려움을 겪게 했다. 결국 그들은 노래하는 것조차 금지되었다. 여성들의 머리카락이나 춤뿐만 아니라 목소리도 성적으로 자극적일 수 있다는 이유에서였다. 우리는 여기에서 다시 욕망의 문제와 마주치게 된다.

다음에는 더 나아간 '논리적' 단계가 이루어졌다. 새로운 체제는 고전 음악과 전통 페르시아 음악을 제외한 모든 형태의 음악을 금지했다. 영국 펑크 록 밴드 더 클래시가 1982년에 발표한 대표곡 〈록 더 카스바Rock the Casbah〉의 "선지자의 명령에 따라 부기 사운드를 금지한다"라는 가사가 호메이니에게서 영감을 받았다는 점은 놀라운 일이 아니다. 이란혁명 중에 혁명 요원들은 작은 마을들을 급습해 악기를 찾아 파괴했다는 사실은 알려져 있다. 고대의 하디스hadith, 즉 마호메트의 언행록에서는 다음과 같이 설명한다. "물을 주면 초목이 성장하듯이 음악을 들으면 불화에 이르게 된다." 호메이니는 혁명 기간 동안 이란의 주요 일간지《카이한Kayhan》에서 또 다른 설명을 제시했다. "음악은 마약과 같아서 누구든 습관이 들어버리면 더 이상 중요한 활동에 전념할 수 없게 됩니다. 우리는 그것을 완전히 제거해야 합니다." 놀랍든 아니든 간에 레닌 ― 다음 장에서 볼 수 있듯이 ― 도 음악에 대해 호메이니와 매우 유사한 입장을 지니고 있었다. 혁명이 성공하기 위해서는 모든 것 ― 음악에서 사랑까지 ― 을 억제해야 한다는 것이다.

혁명 초기에 음악 학교들을 폐쇄한 이후 이란의 텔레비전에서는 악기를 보여주는 것조차 금지되었다. 대부분의 공연도 금지되었다. 이러한 도착 행위는 텔레비전 방송 공연에서 악기를 안 보이게 하고 대신 꽃이나 폭포 같은 자연이 나오는 장면으로 종종 대체하기까지 이른다. 그러나 언제나 그렇듯이 전복은 항상 전체주의의 틈에 도사리고 있다. 2014년 1월에 유명한 이란의 재즈 퓨전 밴드 팔레트는 텔레비전 라이브 공연 중에 악기를 몸짓으로 표현함으로써 이 금지를 전복시켰다.[8] 그들은 법을 어기지는 않았지만 기호학적으로는 악기를 마침내 공개적으로 내보인 셈이었다.

기호학적으로 직접 욕망에 연결되는 인간 행위나 외양 분야가 있다면 당연히 패션일 것이다. 테헤란에 도착해서 메일로 가득 찬 편지함을 확인했을 때 나는 한 친구가 이탈리아판《보그Vogue》지에 실린 리처드 세넷과 사스키아 사센Saskia Sassen에 대한 오래된 기사 링크를 보내준 것을 발견했다. 유럽에 돌아가서 확인해보니 그 기사에는 전복적인 내용이 전혀 없었다. 단지 사회학자 부부의 이야기와 그들이 시간을 어떻게 공유하고 보내는지를 (리처드 세넷이 요리와 쇼핑, 청소 등을 모두 한다) 다룬 일상적인 패션 잡지의 기사일 뿐이었다. 나는 이란에서 인터넷 브라우저가 보그 웹사이트 대신 "요청한 사이트를 사용할 수 없습니다"라고 적힌 페이지로 연결되었을 때 놀랐다. 그리고 이 페이지는 30초 후에 바로 또 다른 검열 웹사이트 peyvandha.ir로 연결되었다. 물론 내가 순진했다. 어떻게 패션과 관련된 사이트가 이란에서 금지되지 않을 거라고 생각할 수 있었을까? 호메이니는 한 연설에서 패션을 "우리 남성들과 여성들을 탈선하게 하고 타락시키며 인간의 발전을 방해하는"[9] 수단이라고 말했다.

2013년에 이루어진 한 연구에 따르면 이란에서는 정치와 관련된 사이트뿐만 아니라 건강, 과학, 스포츠 그리고 — 물론 — 섹스에 관련된 사이트들까지 광범위한 웹사이트들이 차단되어 있었다. 페이스북, 트위터, 유튜브를 포함해 방문자가 가장 많은 500위권 내의 웹사이트 중에서 거의 50퍼센트가량이 차단되었다.[10] 이란의 위키페디아 검열에 대한 또 다른 연구는 '음란하다', '사회에 위험하다' 또는 '폭동선동'의 도구로 인식되는 내용의 핵심어와 URL 주소가 이란에서 어떻게 차단되는지 보여주었다.[11] 위키페디아에서 주제별로 가장 많이 차단된 항목을 보면 흥미롭다. 첫 번째는 '시민적, 정치적 내용'이고, 두 번째는 '섹스와 섹슈얼리티'이다. 도표 1은 차단된 '섹스와 섹슈얼리티' 항목을 주제에 따라 보여준다.

도표 1. 가장 많이 차단된 위키피디아의 '섹스와 섹슈얼리티' 주제에 따른 항목

총: 189

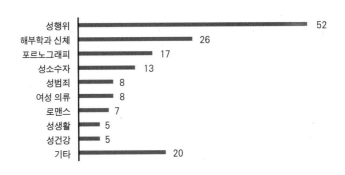

그 체제에서는 URL 주소뿐만 아니라 핵심어도 차단한다. 이는 종종 기이한 실수로 이어지기도 한다. s-e-x 문자 유형이 블랙리스트에 오르면 차단 프로그램은 에섹스 대학 웹사이트www.essex.ac.uk, 마셜 제도에 있는 비키니 환초에 대한 논문, 스테아랄코늄 클로라이드stearalkonium chloride 화합물에 대한 논문도 차단할 것이다. 섹스와 관련된 용어와 일치하는 차단 문자 양식이 URL 주소에 우연히 포함되어 있기 때문이다. www.no-porn.com은 (성적 이미지나 노골적인 글이 없이) 포르노 극복을 홍보하는 사이트지만 핵심어 필터링에 의해 차단되었다. 분석가들은 28개의 검열 핵심어를 확인했는데, 그중 26개에는 페르시아어의 성적인 단어나 성적 비속어 '포주', '음경', '가슴', '동성애자' 같은 단어가 있다.(도표 2 참고)

이것은 이란인들이 꿈꾸는 것인가 아니면 체제 자체의 몽정 목록인가? 한 가지는 분명하다. 전체주의 체제에서 욕망은 위

도표 2. 분석가들이 확인한 28개의 검열 핵심어(그중 26개 단어는 페르시아어의 성적 단어나 성적인 비속어였다)

1. balls / testicles
خایه
خایه
고환/음낭

2. bikini
بیکینی
비키니

3. bra
سوتین
سوتین
브래지어

4. breast
پستون
유방

5. clit
چوچوله
음핵

6. cock
کیر
음경

    (his cock) کیرش
    (그의 음경)

    (dickish) کیری
    (좆같다)

7. cunt
کس
음부

8. curves / butt
قنبل
엉덩이 곡선미/엉덩이

9. ecstasy
اکستازی
황홀경

10. fart
گوز
방귀

    (farter) گوزو
    (방귀쟁이)

11. faggot
کونی
کونی
남자 동성애자

12. faggot
کونده
호모

13. faggotry
همجنسبازی
남자 동성애

14. fetish
فتیش
فتیش
페티시

15. fucking
گاییدن
گاییدن
섹스

16. fucking
گاییدن
گاییدن
성교

17. homo
همجنسباز
호모

18. lesbian
لزبین
لزبین
레즈비언

19. lick / flirtation
لاسیدن
لاسیدن
할기/가벼운 만남

20. liquor
مشروب
술

21. penis / wiener
دودول
페니스/음경

22. prostitute
فاحشه
매춘부

23. porn
پورن
포르노

    (porno) پورنو
    (음란물)

24. sex
سکس
섹스

    (sexy) سکسی
    (섹시)

25. sexual desire
شهوانی
شهوانی
성적 욕망

26. the thing between
one's legs
لاپایی
가운뎃다리

27. whore
جنده
매춘부

28. xxx
XXX
xxx

협을 나타낸다는 점이다. 특히 성적 욕망의 망령이 그렇다('엉덩이 곡선', '엉덩이', '가운뎃다리' 등).《1984 Nineteen Eighty-Four》에서 오웰Orwell(1903~1950)이 제시한 예언적인 단어들이 소비에트 공산주의 체제(실패한 성혁명 후)에 적용될 수 있을 뿐만 아니라 이란혁명에도 적용될 수 있었던 것과도 같다. "성행위를 성공적으로 행하는 것은 반란과 같았다. 욕망은 반사회적인 생각이었다."[12] 왜 그럴까? (윈스턴 스미스라는 인물이 보여주는)《1984》에서뿐만 아니라 (존 새비지가 보여주는) 헉슬리Huxley(1894~1963)의《멋진 신세계Brave New World》에서도 볼 수 있듯이 성적 열정은 혁명적 충동을 일깨울 수 있다. 이것이 바로 오웰이 반反성연맹Anti-Sex League과 애정부Ministry of Love라는 단어를 만든 이유이다.

블루 티롤Blu Tirohl은 〈우리는 죽었다…… 당신은 죽었다:《1984》에 나타난 반란의 무기로서의 섹슈얼리티 검토〉라는 논문에서 당이 성적 욕망이라는 강한 인간 본능을 자체적인 연료로 변환했다고 말한다.

당은 성적 에너지를 그 자체의 필요를 위해 사용하는 것처럼 보인다. 성교 후에는 욕망이나 충동이 감소하므로 당은 구성원들이 영구적으로 쾌락을 기대하는 상태를 유지하도록 하고 나서 자신의 목적에 맞게 에너지를 보낸다.[13]

이란 곳곳에서 욕망은 눈에 띈다. 성性은 어디에서도 노골적으로 보이지는 않지만 도처에 있다. 물론 여성은 체제의 안정성에 대한 가장 큰 위협이다. 오웰이 윈스턴과는 대조적으로 줄리아를 묘사한 부분은 이란 여성에 대한 묘사가 되기에도 충분하다.

그녀는 당의 성적 엄격주의의 숨은 뜻을 파악하고 있었다. 성적 본능이 당의 통제 밖에서 그 자체의 세계를 창조하므로 가능한 한 파괴해야 하는 것만은 아니었다. 더욱 중요한 점은 성적 결핍은 히스테리를 유발해 전쟁열과 지도자 숭배로 바뀔 수 있었기에 바람직했다는 점이다.[14]

다시 말해서 체제가 가장 두려워하는 것은 국민들의 은밀한 세계(섹스, 사랑……)이다. 또는 줄리아가 말한 바와 같다.

사랑을 나누고 나면 에너지를 소진하게 되죠. 그리고 그 후에는 기분이 좋아지고 다른 것에는 신경 쓰지 않아요. 당은 사람들이 그렇게 느끼는 것을 견디지 못하겠지요. 당은 사람들이 항상 에너지로 가득 차 있기를 원해요. 행군하고 환호하고 깃발을 흔드는 것은 왜곡된 형태의 섹스인 셈이죠. 내적으로 행복한 사람이라면 빅 브라더나, 3개년 계획, 2분 증오 같은 말도 안 되는 것들에 흥분하겠어요?[15]

'스트립쇼 문화'[16]가 번성하고 있는 대부분의 서구권과 달리 이란에서 성은 여전히 체제 전복적인 것이 될 수 있다. '고환', '음핵', '음경' 또는 '호모', '레즈비언' 같은 특정 검열 대상 단어를 보자. 그 것은 사상죄thoughtcrime이다. 하지만 언제나 그렇듯이 특권 계급에 속한 이란 관료들은 근본적으로 자신들의 이익만을 생각한다. 예를 들어 이란은 2014년에 '선전' 효과를 지닌 글을 올렸다는 이유로 여 덟 명의 페이스북 사용자들에게 총합 127년형을 선고했다. 하지만 이란 대통령 하산 루하니Hassan Rouhani와 행정부 구성원들은 페이스 북을 매우 활발히 사용하고 있다.[17] 이와 유사한 이슬람 지도자들의 이중 잣대는 술과 마약, 섹스로 뒤범벅된 사우디 왕자들의 파티 사 실을 밝힌 2010년의 위키리크스 전문電文[18]에서 드러나지 않았던 가? 사우디아라비아에서처럼 이란에서도 이와 같은 즐거움과 욕 망은 오직 최고위 계층만 갖는다.

핵심 권력자들은 '몽정'을 하면서 다른 사람들이 욕망을 갖는 것은 바라지 않는다는 사실을 증명해주는 파렴치한 예들은 많이 있 다! 전체주의 체제의 '몽정'을 보여주는 지도나 백과사전을 생각해 볼 수도 있을 정도이다.

1. 무아마르 가다피Muammar Gaddafi(1942~2011). 그가 통치한 기간 동안 리비아에서 음악이 금지되었다는 사실은 잘 알려져 있 다. 일부 악기는 서구 악기(예를 들면 기타)로 여겨졌기 때문에 금지되었다. 2008년 트리폴리의 한 이맘*은 주민들에게 악기 가 사용된 모든 아랍 음악과 서구 음악 CD, 카세트를 불태우

도록 장려하는 율법적 결정을 내리기도 했다.[19] 그리고 놀랍게
도 1995년에는 여자들이 노래를 부를 권리를 박탈하는 또 다
른 율법적 결정이 공표되었다. 그러나 사우디아라비아의 핵
심 권력자들의 경우와 마찬가지로 이와 같은 명령은 가다피
와 그의 일가가 서구 음악을 (그중 가장 최악의 것을) 즐기는 것
은 막지 않았다. 위키리크스가 입수한 자료에 따르면 비욘세,
머라이어 캐리, 어셔, 라이오넬 리치 등 여러 팝스타들이 리비
아 독재자 무아마르 가다피 일가를 위한 공연으로 상당한 돈
을 벌었다고 한다. 2009년 뉴욕의 새해 전야제 후 가다피 대령
의 아들인 사이프 알 이슬람 엘 가다피는 카리브해 세인트 바
트 섬에서 열린 파티에서 머라이어 캐리에게 노래 네 곡을 부
른 대가로 100만 달러를 지불했다.[20] 이런 사건을 보고 독재
체제가 자신들의 비열한 꿈을 실현하기 위해 이슬람교를 위
장으로 이용한다고 냉소를 드러내는 데 그친다면 잘못일 것
이다. 그렇지 않다. 그것은 서구에 대한 냉소도 동시에 드러낸
다. 원칙상 우리 모두는 (이란, 리비아, 사우디아라비아 등에서 일어
나는) 여성에 대한 억압에 반대하면서도 아무 문제의식 없이
이 체제들과 협력한다! 이와 같은 냉소주의의 비뚤어짐은 가
다피가 2009년 9월 유엔 총회에서 연설하기로 되어 있었을 때
증명되었다. 그는 가는 곳마다 항상 커다란 베두인족 텐트를

* 이슬람교 교단 조직의 지도자를 가리키는 하나의 직명.

사용한 것으로 알려져 있었다. 테러리즘을 지원하거나 인권을 남용하는 사람에게 자신의 뒷마당에 텐트를 치도록 허용하는 것은 권고할 만한 행동이 아니지만 거물 도널드 트럼프는 그 점에 구애받지 않고 가다피에게 트럼프 기업의 사유지를 사용하도록 내주었다.[21] 좋다. 트럼프는 정상이 아닌 거물이며 그와 가다피는 같은 부류의 사람들이라고 말할 수도 있을 것이다. 그렇다면 가다피와 관련이 있는 런던 정치경제 대학교는 어떤가? 비정부 기구인 가다피 재단은 이 대학 연구센터에 1,500만 파운드 기부금을 약속했고, 런던 정경대 글로벌 거버넌스는 그중 30만 파운드를 받았다. 게다가 런던 정경대에서 운영하는 엔터프라이즈 사에서는 리비아 관료들의 교육에 대한 대가로 2,200만 파운드에 상당하는 계약을 체결했다. 그에 대한 '보상'으로 가다피의 아들 사이프 알 이슬람 가다피는 2008년에 런던 정경대 철학과에서 〈글로벌 거버넌스 제도의 민주화에서 시민 사회의 역할: '소프트 파워'에서 집단 의사 결정까지〉라는 논문으로 박사학위를 받았다.[22] 바로 이 논문 제목이야말로 냉소가 구현된 것이라고 할 수 있을 것이다. 그런데 런던 정경대와 가다피 사이의 이 짧고 열렬한 관계의 진실은 사이프의 말에서 찾아볼 수 있다. "몇 달 전만 해도 우리는 명예로운 친구로 대접받았다. 이제 그 반역자들은 우리나라를 위협하고 있고, 비겁자들은 우리를 공격하고 있다. 런던 정경대의 옛 친구들이 나와 아버지에게 등을 돌린 방식은 특히 화가 나게 한다."[23]

2. 엔베르 호자Enver Hoxha(1908~1985). 이 알바니아 독재자는 해
   외여행, 수염, 텔레비전의 입맞춤 장면 외에도 춤, 음악, 악기
   를 금지했다. 〈춤의 열기가 알바니아에 이르다〉라는 BBC 기
   사에 따르면, 티라나 시장은 밤에 이불 속에서 외국 라디오 방
   송을 들었다고 말했는데 그것은 법으로 처벌받을 수 있는 행
   위였다. 그는 색소폰에 매료되었지만 그런 악기는 악한 영향
   을 준다고 여겨져 금지되었으므로 실제로 본 적은 없었다.
   "한 친구가 색소폰을 가지고 있다는 이야기를 들었어요. 그
   친구는 할머니의 오래된 트렁크 맨 아래쪽에 색소폰을 숨겨
   놓고 있었지요"라고 그는 말했다.[24] 1965년 10월에 열린 총회
   에서는 알바니아의 문학과 예술의 상황을 논하고 향후 발달
   방향을 제시했는데 엔베르 호자는 그 점에 대해 직접 말한 바
   있다. "연극, 발레, 버라이어티 쇼, 오페라는 머리에 이상이 있
   는 사람은 즐길 수 없습니다. 머리에 이상이 없고, 국민들과
   함께 심장이 뛰는 사람들만이 즐길 수 있습니다."[25]

3. 사파르무라트 니야조프Saparmurat Niyazov(1940~2006).• 그는
   2001년에 외국 오페라와 발레를 금지했는데, 그런 문화 형태
   가 투르크멘에 '이질적'이라는 이유로 그 결정을 정당화했다.
   서커스, 큰 소리로 휴대전화로 통화하는 것(사실 이것은 괜찮은

• 투르크메니스탄의 독재자. 1990년부터 사망할 때까지 대통령으로 재임했다.

조치다!), 자동차에서 음악 트는 것을 금지했고, 달력을 폐지했다. 더 좋게 말하자면 달력을 재발명했다(모든 진정한 혁명가들은 달력을 바꾸는 정책을 펼친다!). 그러나 유럽연합은 아무 문제없이 그와 거래했다. 왜일까? 투르크메니스탄에는 높은 천연가스 비축량과 사업 기회(투자, 특히 부동산과 건축)가 있기 때문이었다.

이쯤에서 중단해야겠다. 그렇지 않으면 이 무한한 외설 행위의 목록은 (이디 아민Idi Amin[1925~2003]*에서 김정일까지) 영원히 이어질 것이다. 이 사례들을 보면 전체주의 체제가 명목상으로 욕망을 규정하고 금지하는 실제 이유는 체제 자체의 향유를 유지하기 위해서라는 점을 알 수 있다. 다른 사람들도 어쨌든 욕망할 수 있고 심지어는 욕망을 실현시킬 수 있다는 사실이 두려운 것이다! 결국 욕망의 통제는 표면상 규탄의 대상인 욕망에 (권력과 부를 소유한) 엘리트만이 접근할 수 있는 사회를 만든다.

테헤란에 방문한 첫날 나는 운 좋게도 전체주의 체제의 그런 측면을 접할 수 있었다. 나는 발리에아스르 가와 라아한 광장이 만나는 모퉁이에 있는 아자리 전통 찻집에서 저녁식사를 하면서 방해없이 '전통 페르시아 음악' — 그렇게 추정되는 것 — 공연을 보고 물담배도 피울 수 있었다. 그러나 술은 제공되지 않았다. 뜻밖에도

---

* 우간다의 독재자. 그가 권력에 있던 8년간 10만에서 50만 명에 이르는 희생자가 있었을 것으로 추정하고 있다.

다른 자리에 있던 가족이 우리의 식사비를 대신 지불하겠다고 한 후에 "……저희 집에 초대해도 될까요?"라고 물었다. 그는 좌석이 가죽 재질로 되어 있는 메르세데스를 운전하면서 얼굴에 만족스러운 웃음을 지은 채 보드카 한 병을 꺼냈다. 거리는 전보다 더 텅 비어 있었고, 자정 무렵에는 차도 거의 없었다.

우리가 집에 도착했을 때 파로크의 부모님은 이미 집에 도착해 있었다. 그들은 집에 들어가기 전에 내게 "이란에서는 신발을 벗는 게 관습이에요"라고 말했지만 나중에는 전통 때문이 아니라 페르시아 양탄자가 1만 1,000달러라서라고 농담처럼 인정했다. 그들은 전통 견과 외에도 보드카나 위스키를 마시고 싶은지 바로 물었다. 위스키를 마시기로 하고 그랜트 한 잔을 맛보았을 때 나스린이 물었다. "음…… 이게 가짜일까요, 진짜일까요?" "진짜 맛이 나는데요"라고 내가 대답하자 그녀가 환하게 미소를 지었다. 이란에서는 값비싼 자동차나 양탄자만 사회적 표지로 인식되는 것이 아니라 (고급) 술을 마실 수 있다는 바로 그 가능성도 높은 지위를 상징하는 것이었다.

파로크의 아내 나스린은 야누스 같은 현대 이란을 보여주는 완벽한 예였다. 그녀는 공공장소에서 히잡을 착용하지만 자동차에 타자마자 벗어버린다. 나스린과 비슷한 현대 여성들은 이란계 미국인 인류학자 파디스 마흐다비Pardis Mahdavi의《격렬한 반란: 이란의 성혁명Passionate Uprisings: Iran's Sexual Revolution》에서 보수적인 부모 앞에서는 페르시아어로 말하고 예의에 맞는 옷을 입으며, 친구들을 만날 때는 영어로 말하고 섹시한 옷을 입는다고 말한다. 이것은 그들에게 "물을 마시는 것과도 같아요. 거리에서는 특정한 방식으로 입고 행동하며, 집에서는 다른 식으로 입고 행동하지요. 그렇게 하지 않았다면 이상했을 거예요".[26]

설득력 있는 이야기다. 그들이 체제가 내세우는 이데올로기적인 이슬람교 버전(왜곡)을 전적으로 지지했다면 심각한 문제를 겪었을 것이다. 옛 유고슬라비아에서 사회주의에 완전히 동화된 사람, 다시 말해 사회주의를 진심으로 믿은 사람은 바보로, 심지어는 잠재적으로 위험하게 여겨진 것처럼 말이다.[27]

다른 한편으로 히잡을 착용하거나 벗는 것이 생활양식에 불과하다면 우리는 더 큰 문제에 마주치게 된다. 이 이중생활 — 외면적 자아/내면적 자아(zāher/bāten)로 나뉘는데 — 은 그 자체로는 전복적인 것으로 여길 필요가 없다. 물론 지하철에는 '여성 전용' 표지가, 호텔에는 "이슬람 복장 규정을 따르십시오"라는 권고가 있는 국가에서는 그것이 전복적인 것이 될 수도 있지만 그런 태도가 새로운 수동화로 바뀔 수도 있다. 신흥 부유층의 경우에는 상품 물신숭배와 욕망의 상품화라는 전형적인 유형에 이르게 된다. 체제가 우리에게 부여하는 비전과 달라지려는 자유, 규칙을 위반하고 우리 자신의 숨겨진 생활방식을 확립하고자 하는 자유는 소비의 자유로 끝나버리고 결국에는 체제와 위선적인 이데올로기를 완전히 공고히 하게 된다.

닭을 수간한 남자의 경우에 대해 호메이니가 심층적인 해결

책을 제시해주었다는 출처가 불분명한 이야기에 이 위선이 잘 나타나 있지 않은가? 로마법의 회답과 유사한 그의 《문제에 대한 해명Clarification of Problems》에서, 호메이니 추종자들은 다음과 같은 놀라운 답에 주목하게 된다. "그의 직계가족이나 이웃은 그 닭을 먹어서는 안 된다. 그러나 두 집 건너 사는 이웃은 그 닭을 먹어도 좋다."

이것은 완전히 터무니없는 위선이 아닌가? 닭을 수간하는 것은 괜찮지만 두 집 이상 건너 살지 않는 한 그 닭을 먹어서는 안 된다는 것인가? 여기서 진짜 문제는 닭을 수간한 것이 아니라 수간한 닭을 먹는 데 있다.

출처가 불분명한 이야기라고 해도 '닭 수간'에 대한 호메이니의 해결책은 오늘날 이란 사회의 특징을 나타내지 않는가? '그릇된' 것으로 여겨져서는 안 되는 것(여성들의 머리카락, 춤, 목소리 등)은 강경하게 금지하지만 실제로 그릇된 것들(닭을 수간하는 것, 기둥마다 순교자 초상화를 붙여놓은 것, 방마다 호메이니 사진을 걸어둔 것 등)은 도덕적으로 용인되는 가치로 여겨진다. 이 때문에 이란은 위선적인 사회가 되어, 거의 모든 사람이 최소한 이중생활을 해나가게 된다.

술의 경우도 마찬가지다. 이란에서 술은 강력하게 금지되지만, 이란인들은 이슬람교도가 대다수인 중동 국가 중 레바논과 터키 다음인 세 번째로 술을 많이 소비한다(레바논과 터키에서는 음주가 합법이다). 이란은 그런 '모순들'로 가득 차 있다. 항상 양면이 있다. 시라즈에 있는 14세기 시인 하페즈Hafez(1326?~1389)의 묘소에 가면 많은 젊은이들이 이 전설적인 시인의 시를 감흥 어린 모습으로 암송

하는 것을 볼 수 있다. 하지만 하페즈는 인생과 술의 즐거움을 칭송했던 시인이다. 이란의 모든 가정에는 두 권의 책, 코란과 하페즈의 시집이 있다는 말이 있다. 그러나 코란은 읽지만, 하페즈의 시집은 읽지 않는다는 점이 명백해 보인다. 하페즈의 시가 제대로 읽힌다면 그의 시를 읽는 행위 자체가 전복적이라고 여겨졌을 것이다. 다음 시를 보자. "우리는 신의 뜻을 따르는 취객이라네. 특별한 천상의 영광으로 술을 마시도록 운명지어졌고 용서받도록 정해졌다네." 또는 "마음을 술에 연결해, 마음이 몸을 가지게 하여, 이 새로운 인간에게서 위선과 신앙심을 잘라내버리라".[28]

우리를 초대한 이란인 가족은 위스키 한 병을 끝까지 마시라고 권했다. 마침내 그들의 집에서 나올 때 나스린과 파로크가 아파트 입구 앞 바닥을 내려다보라고 말했다. 거기에 마지막으로 놀라운 일이 있었다. 바닥에는 베르사체 로고가 페르시아어로 새겨져 있었다.

이란인들이 오늘날 무엇을 꿈꾸는가라는 질문에 대한 첫 번째 가능한 답은 이것이다. 아야톨라 호메이니를 바라는 것이 아니라면 그들이 의식하고 있지 못한다 해도 그들이 꿈꾸는 것은 상품뿐만 아니라 다양한 생활양식을, 따라서 상상적인 서구를 소비할 자유이다. 유고슬라비아 시기에는 독일 등지에서 외국인 노동자로 일하는 사람들이 종종 들여온 킨더 서프라이즈 에그나 하리보 곰 젤리를 사람들이 매우 열망했을 뿐만 아니라 번영한 서구 사회의 상징과 선택의 자유로 여겼다. 유고슬라비아°가 몰락한 직후 이른바 (사회주의에서 자본주의로) '이행' 기간이 시작되었고, 선택에는 돈이 필요하다는 사실을 알게 되었다. 그리고 마침내 유럽연합에 들어갔을 때 (적어도 슬로베니아와 크로아티아의 경우) 사회주의 사회였을 때 당연하게 여겼던 모든 것이 급속도로 민영화된 것을 깨닫게 되었다. 교육과 건강보험은 선택할 수 있지만 유고슬라비아 때와 달리 더 이상 무료가 아니며, 이제는 선택할 만한 여유가 있을 때만 선택할 수 있다. 그것이 오늘날 선택의 자유이다. 우리가 선택할 자유라고 이해했던 것은 교육, 건강에서조차 소비할 자유, 투자할 자유에 불과했다. 이것이 바로 2013년 9월에 네덜란드 왕 빌럼 알렉산더르Willem Alexander가 20세기의 복지국가는 끝났다고 공언하면서 선언한 '참여 사회'이다. 사람들은 정부에 의존하는 대신 각자의 미래를 책임져야 하고 자신의 사회적, 재정적 안전망을 만들어야 한다는 것이다. 그는 오늘날 사람들은 "각자 선택을 하고 삶을 정립하고 서로 돌보는 것을 원하고" 기대한다고 했다.[29] 그러나 늘 그렇듯이 이 새로운 생활양식에 빨리 적응할 수 있는 사람들에게나 삶은 좋은 것이다. 모든 사람이 선택할 수 있는 것은 아니다.

이란의 신흥 부유층의 삶은 이란에서는 좋다. 우리를 초대한 집주인은 최근 (후기 자본주의) 이란 이슬람 공화국의 성장으로 생겨난 전형적인 예였다. 그들은 에어컨 사업으로 재산을 모아 집에서 술을 마시고 베네치아에서 파리까지 여행을 자주 다니고 국제적인 브랜드 옷을 입으며 서양 담배를 피운다.

• 유고슬라비아는 1991년부터 크로아티아와 슬로베니아, 마케도니아, 보스니아헤르체고비나, 세르비아, 몬테네그로가 분리 독립함으로써 해체되었다.

물론 그들에게는 그런 삶이 자유처럼 보일지도 모르지만 이 '자유'를 정말로 자유라고 할 수 있는가? 우리는 68혁명의 유산을 다룬 뒷부분에서 이 점에 대해 답해보려 할 것이다. 우선은 간단히 말해보자. 양면적인 이란의 신흥 부유층은 결코 신정 체제와 개인적 자유에 대한 제한에 반대하지 않았다. 그들은 자신들이 '자유'라고 여기는 것을 돈으로 구입할 여유가 있기 때문이다. 이란 이슬람 공화국은 그 자체로 서구 자본주의와 어떤 문제도 갖지 않는 것처럼 보인다. 전 미 대사관이나 테헤란의 일부 건물에서 반미 벽화를 여전히 볼 수는 있지만, 거의 어디에서나 코카콜라, 네슬레 또는 다른 서구 브랜드를 발견할 수 있기도 하다. 이제 시장에서조차 가짜 서구 브랜드나 값싼 중국 제품이 가득 차 있다.

그 다음날 H.를 우연히 만난 곳은 시장이었다.

H.는 전날 저녁에 우리가 만난 신흥 부유층 가족과는 정반대 경우였다. 그는 전통적이고 여전히 세력이 강한 이란 상인과도 반대였다.[30] 이란 상인은 전통적으로 이란에서 가장 반동적인 세력으로 알려져 있지만 (호메이니가 이란에 돌아오리라고 여겨졌을 때 그들은 연료와 승무원을 포함해 보잉 747기까지 빌렸다*) 그동안 상황은 바뀌었다. 또는 적어도 변화하는 것처럼 보인다. 가끔 이란 시장에 파업이 확산되는 것은 더 이상 놀라운 일이 아니다. 예를 들어 2010년에는 새

• 호메이니는 팔레비 왕조의 서구화 정책에 저항하다가 1964년 터키로 추방되었다. 이후 이라크, 프랑스 등지에서 망명생활을 하다가 1979년 2월 프랑스에서 비행기를 타고 귀국한 후 이란혁명을 주도했으며, 이란이슬람공화국을 세워 최고 지도자로서 통치했다.

로운 세금 규정에 반대하는 파업이 테헤란의 시장에서 일어났고, 2012년에는 아흐마디네자드Ahmadinejad 대통령의 경제 정책과 환율 하락 때문에 이란 상인들의 파업이 일어났다. 물론 이 파업들이 일어났다고 해서 이란 상인들이 더 이상 반동적이지 않다고 볼 수는 없다는 해석도 있을 수 있다(경제 개혁이나 환율 하락에 대한 이의 제기가 그들의 특혜 보호를 위한 방법으로 여겨질 수도 있다). 그러나 2014년 10월에 이스파한 시장에서 놀라운 일이 일어났다. 혁명 수비대가 여성들의 얼굴에 염산 공격을 한 사건(2014년 10월에만 이스파한에서 젊은 여성들에게 14건의 염산 공격이 가해졌는데 그 이유는 '히잡을 제대로 착용하지 않아서' 또는 '부적절한' 의복을 착용했기 때문이었다)에 항의해 상인들과 가게 주인들이 가게 문을 닫고 영업을 거부했다.[31] 이것이 오늘날 시장의 한 모습이다. 이른바 '아랍의 봄'이 2010년 12월 17일 젊은 튀니지인인 거리 행상인 모하메드 부아지지Mohamed Bouazizi가 분신함으로써 촉발되었다는 사실은 놀라운 일이 아니다. 이 사건이 변화의 동력이 되거나 적어도 발단이 될 수 있을까?

H.는 "언젠가 이란에 폭발이 일어날 겁니다"라고 확신을 갖고 말했다.

"이란 사람들은 사는 게 아니에요, 그저 움직이는 거죠." 그는 훨씬 더 비관적인 어조로 덧붙였다.

"무슨 말이죠?"

"뱀파이어나 배처럼…… 사람들은 그냥 돌아다니고 있을 뿐이죠. 사는 게 아니에요."

H.는 '옛 오랜 시절'에 대한 멜랑콜리에 빠지지 않고 간결하고 차분하게 설명했다(그에게는 샤Shah*도 더 좋은 선택이 아니었다). "전에는 테헤란에만 20개가 넘는 카바레가 있었어요. 이제는 베토벤 앨범도 살 수 없어요. 암시장에 가서 구해야 하죠."

"베토벤이 전복적이라면 책은 어떤가요? 예를 들어 서구에서도 꽤 유명한 마르크스 책은요?"

"아, 마르크스요⋯⋯《누가 버지니아 울프를 두려워하랴Who's Afraid of Virginia Woolf》나 스탕달 소설도 못 구해요."

"극장은 어때요? 국영 극장 외에 실제로 대안 극장이나 전위 극장이 있나요?"

"극장에는 무대가 필요하죠. 전위 극장이 생기는 건 불가능해요. 집에서 공연을 시작하려 하자마자 이상한 일이 일어나고 있고, 사람들이 정기적으로 모인다는 점을 정권이 알아차리죠."

H.에게 이란은 모든 것이 감춰진 국가를 나타낸다. 그것이 "사람들이 두 개의 삶을 동시에 영위하는" 이유이다.

"영화나 오페라를 볼 수 없는 국가에는 자유가 존재하지 않죠."

그에게 신랄한 말을 했다는 이유로 곤란에 빠질 수도 있는지 물었다.

H.는 대답했다. "그렇죠."

"우리랑 이야기한 것 때문에 난처해질 수도 있어요?"

• 페르시아어로 '왕'이라는 뜻.

79

"그래요. 그리고 당신을 믿을 수 있는지도 모르겠어요."

"이런 세상에서 어떻게 견디죠?"

H.는 말했다. "이런 말이 있어요. 멀리서 보면 삶은 힘들다. 조금씩 나아가다보면 삶은 아주 쉽다. 먼 미래를 본다면 삶은 어려워보일 수도 있지만 매일 일하면서 순간을 살다보면 물 마시는 것처럼 쉬운 일이 되죠."

가게가 그의 소유인지 물었다.

"그럴걸요"라면서 H.는 입구 방향을 가리켰다. 바로 며칠 전에 누군가가 가게를 불태우려 했다고 말했다.

그의 모든 말은 깊은 생각에서 나온 무게가 실려 있었지만 그는 분노를 표출하지 않고 편하게 말했다. 어느 날 가게가 불타버릴지도 모른다면, 모든 것이 불확실한 상황이라면, 그것을 당신 가게라고 여길 수 있겠는가?

그는 앞서 이야기한 신흥 부유층과는 정반대였다. 그는 런던과 파리에 가서 전시회와 오페라를 보기도 했지만 물건이나 생활양식을 선택하는 흔한 권리를 자유라고 인식하지는 않는다.

"하지만 유럽에서도 더 이상 자유는 없다는 점을 알려드려야겠군요." 내가 말했다.

H.는 대답했다. "적어도 당신은 영화나 오페라를 보고 싶다면 선택할 수는 있잖아요?"

"그렇죠. 하지만 무상 의료제도나 무상 교육처럼 정말 중요한 문제는 점점 더 선택할 수 없죠. 돈이 있는 경우에만 선택할 수 있어요."

그는 주의 깊게 듣고 있었지만 내 말에 깊은 인상을 받은 것 같지는 않았다. 그에게는 그것조차 이란의 자유보다는 훨씬 더 큰 것이었다. 그에게 우선적이고 기본적인 수준의 (소극적) 자유란 종교나 국가로부터 자유로운 것이었다. 즉 샤 팔레비도 호메이니도 존재하지 않는 것이었다. 그는 이란에 더 좋은 시기가 올 거라고 확신했다.

푸코가 이란혁명 시기에 제기한 동일한 질문을 해보자. 오늘날 이란인들은 무엇을 꿈꾸고 있는가? 우리가 볼 수 있듯이 일부 사람들은 호메이니와 같은 꿈(히잡, 남녀 분리, 풍속 경찰, 순교자 등)을 꾸고, 다른 일부는 팔레비와 같은 꿈(제트족*의 삶과 강한 국가가 지배하는 자유 시장)을 꾼다. 그리고 또 다른 일부—H.에 의하면 소수가 아닌데—는 다른 종류의 자유를 꿈꾸고 있다.

이 자유는 카페나 카바레에 가는 것이 아니라 정말 원하는 것을 할 수 있는 가능성에 대한 것이다. 물론 서구의 냉소적인 좌파에게는 레나타 살레츨Renata Salecl이 '선택의 폭정tyranny of choice'**이라고 부른 것이 되어버릴 '자유주의의 꿈'으로 들릴지도 모른다. 그러나 호메이니나 팔레비와는 다른 꿈을 꾸고 있는 이란인들에게는 자유라는 가능성 자체를 향한 첫 단계이다. 이란에서 폭발이 일어난다

- 1950년대 상업용 여객기가 도입된 직후, 제트 여객기로 전 세계를 돌아다니는 상류 계층을 지칭하는 말.
- ·· 레나타 살레츨의 《선택이라는 이데올로기》에 나오는 개념.

면 한 가지는 확실하다. 여성이든, 남성이든…… 닭이든 간에 이란 인들의 일상생활에서 욕망(섹스와 사랑 등)을 규제해온 30년 이상의 과정과 대면해야 할 것이다.

리샤르드 카푸시친스키Ryszard Kapuściński(1932~2007)●가《샤 중 의 샤Shah of shahs》에서 이란혁명을 아름답게 해석한 것을 다르게 말 해볼 수 있을 것이다. 오늘날에는 모든 사람이 또다시 화산 위에서 사는 것이나 마찬가지여서 무슨 일이든 폭발을 일으킬 수 있을 것 이다.

● 폴란드의 저널리스트이자 르포 작가, 시인. 수많은 혁명과 전쟁의 증인으로 꼽히며, 모두 27회의 혁명과 쿠데타를 직접 경험한 것으로 알려져 있다.

3

10월혁명의 리비도 경제

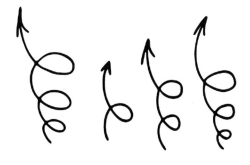

진정한 폭발 — 호메이니의 경우처럼 반동적인 폭발이 아니라 — 이 일어난다면 무슨 일이 일어날지 알고 싶다면 20세기 혁명사로 거슬러 올라가 10월혁명 초기를 살펴보아야 한다. 10월혁명은 욕망의 폭발이었다. 죽음의 본능Thanatos에 관한 한 10월혁명은 이란혁명과는 정반대 방향에서 일어난 폭발이었다. 적어도 초기에는 그랬다. 10월혁명의 비극은 이란혁명처럼 감정을 억압하는 전체주의 사회로 끝났다는 데 있다.

10월혁명의 초반부에는 재산권, 종교에서뿐만 아니라 성혁명에서도 큰 변화가 일어났다. "흥미로운 사실은 모든 위대한 혁명운동이 일어날 때 '자유로운 사랑'의 문제도 중요한 위치를 차지한다는 점이다"[1]라는 엥겔스의 말은 매우 정확하다. (그리고 이 말은 '위대한 혁명운동'의 기준이자 오늘날에는 왜 '자유로운 사랑'의 문제가 결여되어 있는가에 대한 대답일 수도 있다. 위대한 혁명운동이 존재하지 않기 때문일까?)

빌헬름 라이히Wilhelm Reich(1897~1957)는 소비에트 시기에 섹슈얼리티의 큰 변화를 목격하고 다음과 같이 주장했다. "우리는 러시아혁명의 과정에서 경제 혁명, 생산수단의 사적 소유권 몰수, 사회적 민주주의의 정치적 확립(프롤레타리아 독재정권)은 자연히 성적 관계에 대한 태도의 혁명과도 관련된다는 점을 배워야 한다."[2]

이 점을 염두에 둔다면 가장 혁신적인 가족과 성 관련 입법을 포함한 성혁명이 10월혁명 초반부를 특징지은 점은 그렇게 놀라운 일은 아니다. 1917년 12월 19일과 20일에 선포된 레닌의 두 포고(〈결혼의 해소에 대하여〉 그리고 〈시민 결혼, 자녀, 시민 등록에 대하여〉)는 법적으로 열등한 여성의 지위를 폐지하고, 이혼과 낙태를 허가했으며, 여성들이 결혼한 후에도 재산과 수입에 대한 전적인 통제권을 가지는 것을 허용했다. 그런데 이 막대한 해방의 에너지가 어떻게 그리고 왜 사라졌을까? 어떻게 1934년 6월에 동성애 반대 법이 소비에트 연방에 재도입되고 낙태가 금지되고 이혼법이 갱신되게 된 것일까?

이 질문에 답하기 위해서는 1920년대 초반에 가장 영향력 있었던 초기 소비에트의 성 평론가까지 거슬러 올라가야 한다. 아론 잘킨드Aron Zalkind는 ― 프로이트, 파블로프, 마르크스의 연구를 통합하고자 시도했던 정신 신경학자이자 '정신위생학'의 선도자로서 자본주의가 육체를 '혼란스럽게 만든다'고 주장했고 ― 시장 경제가 '세계를 성화한sexualized' 상황을 초래했고, 자본주의는 섹스를 새로운 대중의 아편(그라인더나 틴더 또는 《그레이의 50가지 그림자Fifty Shades of Grey》를 염두에 둔 것이라면, 동의할 수도 있겠다)으로 사용했다고 단언했다. 잘킨드는 빌헬름 라이히와 유사한 입장에서 출발했다. 즉 자본주의는 원초적인 성적 본능을 제한하므로 정치적 혁명을 통해 부르주아의 성적 도덕에 대한 제한을 제거할 필요가 있다는 것이다. 그들은 동일한 출발점을 갖지만 완전히 반대되는 결론에 도달한 대표적인 예라고 할 수 있다.

잘킨드는 새 혁명적 주체('새로운 인간New Man')를 만들 수 있는 유일한 방법을 금욕에서 찾을 수 있다고 보았다. 우리에게 필요한 것은 생체 내에 축적된 성적 긴장을 완전히 방출하는 것(라이히의 '오르가즘 능력')이 아니라 금욕주의라는 것이다. 《성혁명The Sexual Revolution》2부 〈소비에트 연방에서 '새로운 삶'을 위한 투쟁〉에서 라이히는 레닌의 혁명 전반기 이후에 소비에트 연방이 성정치와 '성 경제적 규제' 면에서 반동적인 곳이 되었다고 한탄했다.

빌헬름 라이히는 1929년 9월 모스크바에서 몇 차례 강연을 하고 다수의 유아원과 보육원도 방문했는데 그곳에서 진보적인 성 정책을 발견하지는 못하고 많은 교육자들이 자본주의 국가의 교육자들과 마찬가지로 아이들의 섹슈얼리티에 대해 '부르주아적인' 도덕적 태도를 가지고 있는 점에 실망했다. 그는 낙태 합법화, 이혼 절차 간소화, '아동 공동체' 등 혁명 초기의 일부 정책에 깊은 인상을 받았지만, 1929년 소비에트 연방에서 이미 이 혁명적인 진전으로부터 멀어지기 시작한 조짐을 발견했다.

1936년에 쓴 《성혁명》 재판 서문은 그 문제를 요약적으로 잘 보여준다.

섹슈얼리티 법칙에 대한 혼동 때문에 공산주의 체제는 부르주아 도덕 형식을 유지한 채 내용을 바꾸려 했다. 소비에트 연방에서는 낡은 도덕을 대체하는 '새로운 도덕'이 만들어졌다. 이것은 잘못된 것이었다. 국가가 단순히 형태만 바꾸는 것이 아니라 완전히 '사멸하듯이'(레닌) 의무적인 도덕도 단순히 변화하는 것이 아니라 사멸한다.[3]

이 새로운 '리비도 경제'를 엿보기 위해서는 자위의 악한 영향을 경고했던 드미도비치E. B. Demidovich 박사가 1927년에 발표한 기묘한 선동극 〈성적 타락 재판Sexual Depravity on Trial〉을 보아야 한다. 잘킨드는 이 극에 서문을 써서 지지를 표했는데 허구적 재판으로 성적인 문제를 부각시켜 젊은이의 의식을 일깨우는 도구 역할을 하게 한 점을 높이 평가했다. 이후 이 '교육적인' 성적 허구 재판은 정치적 적들을 제거하는 (이른바 '여론 조작을 위한 공개 재판'으로서) 중요한 도구가 된다. 연극의 주요 내용은 자유 결혼과 자유 이혼을 공식적인 정책으로 내세우는 소련에서 아내를 버린 남편을 기소할 수 있을지 딜레마를 다룬다. 인생을 즐기며 사는 세몬 바실리예프는 임신 3개월 차인 아내 안나 브토로바를 버렸다. 그의 성적 방종은 매독과 낙태 등 피해가 막심한 사회적 결과를 초래했다. 안나의 남동생이 법정에 주 고발자로 출두한다. 그는 수년간 당원으로 활동했으며 건전하고 강인한 청년층을 대표하는 인물이다.

피고 측 변호사(변): 증인 브토로프, 23세죠.

브토로프(브): 네, 23세입니다.

변: 결혼하셨나요?

브: 아니요, 안 했습니다.

변: 여자들한테 어떻게 접근하지요?

브: 동지로서 합니다.

변: 헤어질 때는 어떻게 합니까?

브: 동지로서 합니다.

변: 자녀가 있나요?

브: 저요?…… 아니요. 없습니다.

변: 피임을 한 적이 있습니까?

브: 없습니다.

변: 건강에 문제가 있습니까?

브: 매우 건강합니다…… 성경험은 없습니다.

변: 23세에요?

브: 23세에요.

변: 더 이상 질문이 없습니다.

전문가(전): 증인에게 몇 가지 질문을 해도 되겠습니까?

판사: 그렇게 하세요.

전: 여성에게 끌린 적이 있습니까?

브: 네.

전: 성적 욕구를 어떻게 억제했습니까?

브: 저는 당원입니다. 새로운 형태의 삶을 건설하기 위해서는 힘이 필요합니다. 저는 성생활이 저나 상대 여성, 아이에게 손상을 주지 않도록 성실하게 애쓰고 있습니다. 저는 아직 젊으며 여자가 당장 필요하지는 않습니다. 하루나 한 달이 아니라 수년간 끌릴 수 있는 사람을 찾고 있습니다. 여자이자 동지가 될 수 있는 상대를 찾고 있습니다.

전: 그런데 아직까지 못 찾았습니까?

브: 때로는 찾은 것처럼 보이기도 합니다. 하지만 확인해보면 그것이 실수였다는 게 확실해졌습니다.

전: 어떻게 확인합니까?

브: 시간을 갖고 기다리면서 상대에 대한 끌림이 강해지게 했다가 그녀와 제 자신을 관찰한 다음 그녀와 아이를 갖고 싶은지 자문해 봅니다.

전: 그것이 자제하는 이유의 전부인가요?

브: 아니요, 전부는 아닙니다. 저는 아이가 두렵지 않을 때 양심적으로 성생활을 시작하고 싶습니다.

전: 그 싸움은 힘듭니까?

브: 겨울에는 좀 더 수월합니다. 여름에는 특히 초반에 더 힘듭니다.

전: 불면증을 앓고 있습니까?

브: 아니요, 잠은 아주 잘 잡니다.

전: 어떤 것을 하면 그 싸움에 도움이 됩니까?

브: 휴식시간에는 운동을 합니다. 자유시간이 있을 때는 혼자 있는 것을 피하려 하지요. 사회 복무가 많이 도움이 됩니다. 욕구가 강할 때는 눈에 띄지 않게 여자들을 피합니다. 흥분이 가라앉으면 다시 그들과 시간을 보냅니다.[4]

우리가 볼 수 있듯이 이 사람은 콤소몰Komsomol•의 이상적인 일원이다. 그는 23세이지만 동정을 지키고 있으며 성적 충동을 느낄 때는 운동을 하고 자위하는 것을 자제하기 위해 혼자 있는 것을 피한다. 그는 체르니셰프스키Chernyshevsky(1828~1889)의《무엇을 할 것인가What Is To Be Done?》(1863)에 나오는 라흐메토프의 또 다른 형태이다. 라흐메토프는 여자, 모든 잠재적 쾌락의 원천, 체육, 운동을 피하는 '엄격주의자'로서 궁극적인 자기절제의 행동으로 못 침대에서 잠을 잔다. 이러한 행동은 '새 도덕'의 이상으로서 호메이니 체제하에서 나왔다고 할 수도 있을 법하다.

에릭 나이만Eric Naiman의《공적인 성: 초기 소비에트 이데올로기의 구체화Sex in Public: The Incarnation of Early Soviet Ideology》는 앞의 예보다 훨씬 더 이상한 예로서 1920년대 소비에트 연방의 수사법을 보여준다. 한편 렘베르그M. Lemberg 박사는 1925년에 쓴 글에서 성적 흥분을 피하기 위한 다섯 가지 규칙을 제시했다.

• 1918년에 조직된 소련의 공산주의 청년 정치 조직.

1. 절대 술을 마시지 말라.

2. 딱딱한 침대에서 자라. 잠에서 깨어나면 즉시 일어나라.

3. 식사를 많이 하지 말라. 취침 세 시간 전에 먹어라. 자기 전에 소변을 보라.

4. 에로틱한 책을 읽지 말라.

5. 정적인 삶을 살지 말라.[5]

이는 언뜻 보면 이란혁명의 도덕적 명령처럼 들린다. 〈성적 타락 재판〉의 '남자 주인공'이 운동을 하고 혼자 있는 것을 피하면서 성적 충동에 대항해 싸웠다면, 렘베르그 박사는 더 구체적으로 잠자기 전에 적절한 식습관까지 제안했다. 불면증은 왜 문제가 될까? 조용한 밤에는 성적인 생각이 생겨날 수 있기 때문이다. 자기 전에 성애를 다룬 책을 읽으면 발기를 하게 될 가능성이 훨씬 커지기 때문이다.

이 '새로운 도덕'에 관련된 중요 인물이 유사한 도덕률을 만드는 데 관여하지 않았다면 이상한 일일 것이다. 아론 잘킨드는 더 나아가 대부분 부정문 형식으로 이루어진 '12계명'을 내놓았다.

1. 성생활을 너무 일찍 시작해서는 안 된다.

2. 결혼 전까지는 기본적으로 금욕을 행해야 하고 결혼은 사회적, 생물학적으로 완전한 성숙함에 이르렀을 때(20세에서 24세까지) 해야 한다.

3. 성교는 깊은 상호 애정과 성적인 대상에 대한 애착의 정점이 되어야 한다.

4. 성행위는 연인들을 결속시키는 깊고 복잡한 경험의 연쇄에서 최종적인 고리가 되어야 한다.

5. 성행위를 자주 해서는 안 된다.

6. 성행위 파트너가 자주 바뀌어서는 안 된다.

7. 사랑은 한 번에 한 상대를 대상으로 해야 한다.

8. 모든 성행위는 임신으로 이어질 가능성이 있다는 점을 항상 기억해야 한다.

9. 성적 선택은 계급과 혁명적 프롤레타리아의 선택에 부합해야 한다. 가벼운 연애, 구애, 교태 등 성적인 정복 방법들은 성관계에 포함되어서는 안 된다.

10. 질투를 해서는 안 된다.

11. 성적 도착 행위를 해서는 안 된다.

12. 계급은 혁명을 위해 구성원들의 성생활에 개입할 수 있는 권한을 갖는다. 섹슈얼리티는 계급 이익에 종속되어야 하고 계급의 이익을 방해해서는 안 되며 모든 면에서 계급 이익에 기여해야 한다.[6]

이 예들 — 허구적인 법정 재판, 렘베르그 박사의 규칙 그리고 마지막으로 '12계명' — 은 새로운 리비도 경제의 중심 토대인 에너지 절약을 전형적으로 보여준다. 섹슈얼리티와 관련된 주된 불만은 너무 많은 에너지 소모에 해당하므로 개인의 사회 기여를 막는다는 데 있다("섹슈얼리티는 계급의 이익에 종속되어야 한다"). 성적 에너지는 프롤레타리아의 창조력과 생산을 위해 보존해야 하는 노동계급의 자원으로 여겨진다("가벼운 연애, 구애, 교태 그리고 성적인 정복 방법들"도 피해야 한다).

롤랑 바르트가《플레이보이Playboy》와 가진 1977년 인터뷰는 그 문제를 압축적으로 보여주었다.

사랑에 빠진 사람은 그 스스로 에너지를 격렬하게 투자하는 장소이므로 다른 본질을 지닌 것의 투자로부터는 배제된 듯한 느낌을 가집니다. 그와 공모 관계를 느낄 수 있는 사람만이 사랑에 빠진 사람이 될 수 있을 겁니다. 결국 사랑에 빠진 사람들이 서로를 이해한다는 것은 사실이지요! 그러나 정치 투사는 자기 식으로 하나의 대의명분, 이념과 사랑에 빠져 있지요. 이 대립관계는 서로 견뎌내지 못합니다. 양쪽 모두가 그렇지요. 정치 투사가 열렬히 사랑에 빠진 사람을 참아낼 수 있을 거라고 생각하지는 않습니다……[7]

여기에서 다시 레닌의 경우로 돌아가보자. 성적인 문제가 과도하게 널리 퍼지면 사람들이 혁명을 위해 애쓰는 대신 '기분 좋은 것들'을 말하게 될 수도 있으므로 위험한 일로 여겨졌다. 이와 같은 이유로 레닌은 — 클라라 제트킨Clara Zetkin(1857~1933)＊에게 답하면서 — 젊은이들은 건전한 운동, 수영, 걷기, 신체 훈련에 전념해야 한다고 주장했다. 〈열정 소나타〉에 대한 레닌의 유명한 태도도 그런 점에서 성적 에너지를 억제한 것으로 볼 수 있다. 에너지는 사회주의 건설을 위해 승화되고 보존되어야 했다.

초기 사회주의 체제의 특권 계급(노멘클라투라)이 가진 근본적인 두려움은 바로 에너지 소모에 대한 두려움으로 요약할 수 있을 것이다. 즉 새 사회주의 사회 건설에 사용될 수 있는 에너지를 리비도적 투자에 쏟는 것에 대한 두려움이다. 이런 맥락에서 전문가들은 1924년에 레닌을 죽음에 이르게 한 뇌출혈은 그가 혁명을 위해 과도하게 일한 탓에 발병했다고 한다(레닌이 건강했을 때는 매일 14~16시간씩 일했다는 사실은 잘 알려져 있다!). 1918년 레닌이 암살 시도의 표적이 되어 부상당했을 때 치료한 V. N. 로자노프V. N. Rozanov 박사가 말했다. "블라디미르 일리히 레닌의 죽음은 그가 노동자들의 이익을 위해 온 힘을 전적으로 쏟은 탓에 발생한 것이 확실합니다." 레닌의 뇌를 베를린에 연구 목적으로 '보낼 것'을 제안했던 보건부 장관 니콜라이 세마쉬코Nikolai Semashko는 레닌이 힘을 아끼지 않고 평생 일했기 때문에 죽은 것이라고 주장했다.

빌헬름 라이히라면 이에 대해 레닌 동지에게 다음과 같은 조언을 해줄 수 있었을 것이다. 가끔 섹스 같은 욕정의 암흑세계에 빠짐으로써 에너지 균형을 이룰 수 있었을 거라고 말이다! 섹스를 통

* 독일의 마르크스 이론가이자 여성운동가. 로자 룩셈부르크와 함께 스파르타쿠스단에서 활동했다. 1911년 처음으로 세계 여성의날을 조직했고, 1933년 나치를 피해 소련으로 망명했다.

해 혁명에 더 유용한 역할을 할 수 있었을 것이라고 말이다! 게다가 2004년《신경학 유럽 저널The European Journal of Neurology》에 발표된 회고적 진단에서는 레닌의 사인이 바로 이 욕정의 차원에 속하는 매독이었다고 보았다![8]

레닌의 진짜 사인이 무엇이든 간에 한 가지는 확실하다. '새로운 인간'이 건설하고자 하는 사회에 전적으로 헌신하는 방법을 강조하기 위해 그 원인이 사용되었다는 것이다. 바로 여기에서 '성혁명 지연'의 주요한 이유를 찾을 수 있다. 라이히는 성혁명의 퇴행이 보수적인 성과학 개념의 발흥에서 비롯되었다고 보았는데, 성과학에서 섹슈얼리티는 사회성과 상반된 것으로서 성생활은 '계급투쟁으로부터의 주의분산'이라는 생각을 기반으로 삼았다.

다른 한편 1917년 초반 상정된 성적 선결 요건의 충분한 개발을 막은 객관적인 요인이 있었다. 혁명이 경제적 번영을 초래하는 데 성공하지 못했으므로 (기근, 매춘 등만 낳았을 뿐), 이런 상황에서 '성적 자유'라는 이상의 이행은 어려운 일이었다. 레닌의 1917년 포고에도 포함된 성혁명은 당 공식 기구의 지지를 받고 실현되었으나 점점 퇴보했다.

그러나 이 투쟁의 결과가 처음부터 명확했다고 생각한다면 잘못일 것이다. 섹슈얼리티에 대한 토론은 매우 큰 차이를 보여서 두 개의 주요한 경향이 만들어졌으며 결국 서로 맞서게 되었다. 한편으로는 성적 해방이 더 많이 이루어져야만 혁명에 도움이 되고 계급 없는 사회를 만들 수 있다고 주장하는 '자유로운 사랑에 대한 요구'가 있다. 다른 한편으로는 왜곡된 엄격주의와 성적 충동의 승화를 장려한 더욱 보수적인 동향이 잘킨드 같은 사람 주위에 형성되었다.

경제혁명과 성혁명이 관련이 있다면 실물 경제가 장애와 모순의 덫에 직면했을 때 리비도 경제가 더 보수적인 방향으로 간 것은 놀라운 일이 아니다. 성적 금욕과 성적 욕구의 승화 이데올로기는 곧 소비에트 국가의 주류이자 공식 이데올로기가 되었다.

교훈적이고 연극적이며 허구적인 (공상적이기도 한) 다양한 재판극들은 처음부터 주요한 도구 — 볼셰비키가 1917년에 권력을 잡았을 때부터 — 로서 출판되었을 뿐만 아니라 1919년에서 1933년까지 노동자들과 군인들의 클럽에서 공연되기도 했다. 이 교훈적인 재판극의 역할을 과소평가해서는 안 된다. 린 말리Lynn Mally가《혁명극: 아마추어 연극과 소비에트 국가Revolutionary Acts: Amateur Theater and the Soviet State》에서 보여주었듯이 아마추어 연극은 소비에트 국가에 정당성을 부여하는 데 도움을 주었다.[9] 이미 1919년에 새 체제의 문화부 표어가 "연극을 통해 인민들이 스스로 교육하게 한다"였다는 점은 놀라운 일이 아니다.

이 공개 재판의 주제는 흡연이나 성병의 폐해(소위 '공중위생 재판')에서 폭력행위나 가정 내 여성들의 책무에 이르기까지 다양했다. 이 교훈적 재판의 제목만 보아도 보수화가 꽤 일찍 시작되었다는 점을 알 수 있다. 1922년 후반에 발표된 재판극 〈매춘부 재판The Trial of a Prostitute〉이나 〈아내에게 임질을 감염시켜 자살하게 한 시민

키셀레프의 재판The Trial of Citizen Kiselev Accused of Infecting His Wife with Gonorrhea Which Resulted in Her Suicide〉 같은 전형적인 제목이 포함되어 있다. 1926년에는 〈술 취한 상태에서 아내를 때린 남편의 재판The Trial of a Husband Who Beat His Wife While in a Drunken State〉이라는 제목의 연극이 공연되었다.

대부분의 허구적인 법정 소송사건은 성적 문란함을 고발했다. 예를 들어 니콜라이 보그다노프Nikolai Bogdanov(1868~1945)의 유명한 콤소몰 소설《첫 번째 여자First Girl》(1928)는 사냐라는 여자에 대한 이야기로서 성적 문란함이라는 주제에 중점을 둔다. 공산 청년연맹 콤소몰의 일원인 사냐는 내전에서의 용감한 행위로 포상을 받고 모스크바로 보내지는데 그곳에서 여러 명의 남자들과 가까워져 매독을 전염시키게 된다. 소설의 결말에서 사냐는 매독에 감염되지 않은 동지에게 총을 맞아 죽는다. 다른 한편 세르게이 말라슈킨Sergei Malashkin의《오른쪽에 있는 달Moon's on the Right Side》(1926)에서 성적으로 문란한 여주인공은 얼마나 많은 정부가 있었는지조차 기억하지 못한다. 동지를 거절하는 것은 부르주아적 행동으로 여겨질 수도 있기 때문이다.

1920년대의 가상적인 이야기가 성적 모험과 문란함, 원치 않은 임신, 성병 감염 등의 내용으로 가득했다면, 1930년대에는 스탈린주의의 냉혹한 현실로 인해 결국 토론이 진압되었다. 소비에트 문학에서 성혁명은 오래가지 못했고 이후 사회주의 리얼리즘이 시작되었다. 오스트로프스키Ostrovsky(1904~1936)의《강철은 어떻게 단련

되었는가How the Steel Was Tempered》(1934)에 등장하는 새 공산주의 영웅 파벨 코르차긴은 이 시대의 새로운 신조를 분명히 보여준다. "엄마, 나는 전 세계에서 부르주아를 없앨 때까지는 여자들을 쫓아다니지 않기로 맹세했어요." 이슬람 근본주의자(9 · 11 테러리스트, 샤를리 엡도 테러리스트, ISIS 등)도 같은 말을 하는 것을 상상할 수 있지는 않을까? (하지만 후자의 경우에는 천국에 가면 여자들을 쫓아다니는 것이 허용된다는 사실에서 뜻밖의 전환이 일어난다. 이란-이라크 전쟁에서 가장 기묘한 이야기는 이란 이슬람 공화국이 지뢰를 없애고 이라크 중포의 공격을 흡수하기 위해 소위 '인해' 공격을 조직했을 때이다. 그들은 젊은이들에게 죽음을 부추기기 위해 죽으면 천국과 성적 쾌락으로 데려다준다면서 플라스틱 열쇠를 주었다.)

물론 그렇다고 해서 열띤 논의가 완전히 사라진 것은 아니었다. 마야코프스키Mayakovsky(1893~1930)의 훌륭한 풍자극 — 특히 뛰어난 SF극(그러나 모든 훌륭한 SF가 그렇듯이 실제 현존하는 체제를 소외효과를 통해 비판한다) — 〈빈대The Bedbug〉를 읽어보는 것으로 충분하다. 이 1929년 작품은 미래 사회주의 사회에 대해 다소 호의적이지 않은 초상을 제시한다. 이 미래 사회는 알코올 중독, 욕설, 부르주아적 사고와 같은 인간의 악을 근절한 것만이 아니라 사랑도 금지했다. 연극의 어느 순간, 기자 한 사람이 정신이 나가버린 불쌍한 소녀에 대해 이야기한다.

그녀의 부모는 비통해하며 의사들을 불렀습니다. 의사들은 '사랑'

이라고 부르는 오래된 병이 급작스럽게 발병한 것이라고 말했습니다. 이 병은 사람의 성적 에너지가 일생에 걸쳐 합리적으로 분산되는 대신 단 한 주에 압축되어 격양된 과정으로 집중되는 것이었습니다. 이 병에 걸린 사람은 가장 터무니없고 난감한 행동을 하게 됩니다.[10]

사랑은 질병이 되었다. 또 다른 소녀는 손으로 얼굴을 가리며 말한다. "나는 보지 않겠어요. '사랑' 균이 공기를 오염시키고 있는 걸 느낄 수 있어요!" 그리고 기자는 말한다. "그녀도 끝났습니다. 전염병이 폭넓게 확산되고 있습니다." 에볼라는 잊으세요. 사랑을 두려워하세요!

새 사회주의 사회가 지닌 두려움에는 외부의 적(서구 자본주의, 독일인 등)만 있는 것이 아니라 〈신체 강탈자의 침입Invasion of the Body Snatchers〉*과 같이 보이지 않으므로 훨씬 더 위험한 내부의 적도 있었다. 그것은 이란혁명의 적과 동일한 적인 욕망이었다.

예상대로 〈빈대〉(브세볼로드 마이어홀트Vsevolod Meyerhold 감독, 젊은 드미트리 쇼스타코비치 작곡)는 광범위한 적대적 반응을 이끌어냈다("긍정적인 주인공이 너무 적다", "미래 소비에트 사회에 대한 시각이 부정적이다" 등). 1930년 1월에 '풍자가 필요한가'라는 제목의 세미나가 모스크바에서 열렸다. 그 세미나에서는 풍자적 작품이 반소비에트 형

---

* 잭 피니의 《바디 스내처The body snatchers》를 영화화한 돈 시겔 감독의 1956년 영화.

식을 갖고 있으므로 계급의 적이 풍자를 이용해 매우 쉽게 위장할 수 있다고 결론을 내렸다. 〈빈대〉는 오랫동안 공연되지 못했고 마야코프스키는 작품 속 불쌍한 소녀처럼 되고 말았다.

보다시피 섹스뿐만 아니라 사랑도 10월혁명의 중심 주제였다. 클라라 제트킨은 레닌 사후에 출간된《레닌 회고록Reminiscences of Lenin》에서 레닌이 여성 문제를 공산주의 운동의 중요한 부분으로 자주 이야기했다고 밝혔다. 하지만 매춘부 문제와 매춘부가 혁명적 투쟁을 위해 어떻게 조직될 수 있을지를 논의했을 때 레닌은 다음과 같이 말하면서 클라라 제트킨과 여성운동을 비판했다.

> 클라라, 당신의 잘못은 더 있습니다. 나는 여성 동지들의 저녁 독서와 토론에서 성과 결혼 문제가 주요 주제로 다루어졌다는 점을 들었습니다. 정치적 지도와 교육 주제, 흥미로운 주제로 말입니다. 나는 그 말을 들었을 때 내 귀를 믿기 어려웠습니다. 전 세계의 반혁명주의자들에 둘러싸여 있는 최초의 프롤레타리아 독재국가로서 독일의 상황으로 인해 가능한 한 모든 프롤레타리아의 집중과 혁명적 힘을 통해 갈수록 커지고 늘어가는 반혁명 운동을 물리치는 것이 필요한 상황입니다. 그런데 여성 노동자 동지들은 성적 문제들과 과거, 현재, 미래에서의 결혼의 형태 문제를 토론하고 있습니다.[11]

이 사례에서 알 수 있는 점은 레닌이 여성 문제에 관심을 갖고

있었고 적극적인 지지자이기도 했지만 매춘이나 성관계 같은 더 급
진적인 문제들이 중요한 이유를 이해하지 못했다는 것이다. 그가
가장 큰 문제로 본 것은 프롤레타리아 여성들이 사랑에 대한 토론
을 즐기기에는 적절한 때가 아니라는 점이었다. 이제 여성 동지들
의 생각은 모두 프롤레타리아 혁명으로 향해야 했다. 레닌은 자신
을 '우울한 금욕주의자'라고 여겼고 젊은이들의 이른바 새로운 성
생활은 순전히 부르주아적인 것이며 부르주아 윤락업소가 확대된
것이라고 생각했다. 즉 공산주의자들이 이해하는 '자유로운 사랑'
과는 전혀 공통점이 없는 것이라고 여겼다.

레닌은 직접적으로 이름을 언급하지 않지만 이 대화에서 알렉
산드라 콜론타이에 대한 상세한 비판을 제시한다.

공산주의 사회에서 성적 욕구의 충족, 사랑의 충족은 물 한 잔 마
시기만큼이나 간단하고 사소한 일이 될 거라는 유명한 이론에 대
해 알고 있을 겁니다. 물 한 잔 이론은 우리 젊은이들이 정신 나가
게, 완전히 정신 나가게 만들었어요. …… 나는 물 한 잔 이론이 전
적으로 비마르크스주의적이고 더욱이 반사회적이라고 생각합니
다. 성생활에서는 단순한 본질을 고려해야 할 뿐만 아니라 높은 수
준이든, 낮은 수준이든 간에 문화적 특성 또한 고려해야 합니다.
…… 물론 갈증은 채워야 하지요. 그러나 정상적인 사람이 정상적
인 상황에서 배수로에 누워 웅덩이의 물을 마시거나 여러 사람의
입을 거쳐서 기름투성이가 된 컵의 물을 마실까요? 사회적 측면은

모든 것 중에서 가장 중요합니다. 물론 물을 마시는 것은 개인적인 일입니다. 그러나 사랑에는 두 사람의 삶이 관련되어 있고 세 번째 것인 새 삶이 생겨납니다. 그렇게 사회적 관심을 갖게 하며 공동체에 대한 의무를 만들어냅니다. 저는 공산주의자로서 물 한 잔 이론을 조금도 지지하지 않습니다. '사랑의 충족'이라는 멋진 표제를 달고 있지만 말입니다. 어떤 경우에서든 사랑의 해방은 새로운 것도 공산주의적인 것도 아닙니다. 지난 세기 중반에는 낭만주의 문학에서 '심성의 해방'을 설파했던 것을 기억하고 있겠지요. 부르주아는 그것을 육체의 해방으로 실행했습니다.[12]

레닌이 비판을 통해 금욕주의를 설파하려 한 것은 아니었다. 공산주의자들은 금욕주의가 아니라 사랑의 충족을 통해 삶의 기쁨, 삶의 힘을 가져올 것이다. 그러나 성 문제가 과도한 상태로 널리 퍼져 있는 것은 위험한 일이었다. 그보다는 "젊은이들은 건전한 운동, 수영, 경마, 걷기, 모든 종류의 신체 훈련과 지적 관심에 집중해야 한다". 소비에트 정권을 유지하고 강화시키는 투쟁은 끝나지 않았으므로 '자유로운 사랑' 대신에 자제력과 자기 훈련이 필요하다는 것이었다.

이 열띤 토론을 하는 동안 레닌은 클라라 제트킨에게 그 문제를 지도 여성 동지 모임에서 보고하고 논의할 것을 요청했다. "이네사 동지가 여기에 없어서 정말 유감이군요."[13]

이네사 아르망Inessa Armand(1874~1920)•은 클라라 제트킨과 레닌의 대화가 이루어진 그해에 콜레라로 죽었다. 회고적으로 보면 레닌과 이네사가 교환한 편지를 통해 레닌과 클라라 제트킨의 토론을 더 잘 이해할 수 있을 것이다.

이네사 아르망이 제시한 〈사랑의 자유에 대한 요구〉의 팸플릿 구상에 대해 1915년 1월에 보낸 편지에서 레닌은 당시 사회적 상황에서 이러한 요구는 "프롤레타리아의 요구가 아니라 부르주아적인 요구가 될 수 있다"고 경고했으며, 이 주장을 5년 후에 클라라 제트킨에게도 반복해 말한다. 레닌에게 섹슈얼리티는 마르크스주의의 주제가 아니었다. 이네사 아르망의 '자유로운 사랑'에 대한 해석은 그가 보기에 부르주아의 개념이지 프롤레타리아의 개념이 아니었다. 중요한 것은 객관적인 것인 계급관계였으며, 주관적인 바람이 아니었다.

이네사 아르망의 '자유로운 사랑' 개념을 이해하려 하면서 레닌은 10개의 가능한 해석을 열거한다.

1. 연애에서 물질적 (재정적) 계산으로부터의 자유?
2. 물질적 걱정거리로부터의 자유?
3. 종교적 편견으로부터의 자유?
4. 교황 등의 금지로부터의 자유?

- 러시아의 혁명가. 10월혁명 후 모스크바 소비에트 인민위원으로, 중앙위원회 여성분과 위원장으로서 많은 활동을 했다. 제1회 국제여성공산주의자 대회를 개최하기도 했다. 이런 업적보다는 '레닌의 연인'으로 더 유명하다.

5. '사회'의 편견으로부터의 자유?

6. 자신이 처한 제한된 환경으로부터의 (농부, 프티 부르주아 또는 부르주아 지식인) 자유?

7. 법, 법원, 경찰의 구속으로부터의 자유?

8. 사랑의 진지한 요소로부터의 자유?

9. 출산으로부터의 자유?

10. 간통의 자유?[14]

그는 1에서 7까지는 프롤레타리아 여성들의 특성을, 8에서 10까지는 부르주아 여성들의 특성을 나타낸다고 생각한다. 그에 따르면 '사랑의 자유'는 1에서 7에까지 나타난 개념을 나타내는 것이 아니다. 그와는 반대로 팸플릿의 독자들은 필연적으로 '사랑의 자유'를 8에서 10까지와 같은 것이라고 이해할 것이다. 이네사 아르망은 '일시적인 열정'이 '애정 없는 입맞춤'보다 더 시적이고 순수하다고 말하며 그녀의 작업을 거세게 옹호했다. 레닌은 그녀의 표현을 사용해 답했다.

저속한 남녀 사이의 애정 없는 입맞춤은 부정하지요. 저도 동의합니다. 그것과 대조를 이루는 것은 …… 무엇일까요? …… 애정이 담긴 입맞춤이라고 생각하게 될까요? 당신이 그런 경우를 '일시적인'(왜 일시적이죠?) '열정'(왜 사랑이 아니죠?)과 대비한다면, 논리적으로 (일시적인) 애정 없는 입맞춤은 결혼한 부부의 애정 없는 입맞

춤과 대조되는데 …… 이상하지요.[15]

다시 말해서 레닌은 애정 없는 부부의 입맞춤이 '부정하다'는 점에 동의했다. 그러나 그는 이네사 아르망이 그것에 반대되는 것으로 '일시적인 열정'을 든 것을 이해할 수 없었다. 애정 없는 입맞춤은 부부 사이든 아니든 간에 애정 없는 입맞춤이기 때문이다. 이처럼 레닌의 주장은 단순히 '자유로운 사랑'을 성적으로 문란한 행위나 간통이라고 단순히 일축하는 것 이상의 것이었다. 이네사 아르망이 매우 잘 알고 있었듯이 그는 애정 없이 입맞춤하는 사람이 아니었으며, 사랑에서조차 자제력과 자기 훈련을 요구한 것을 일종의 '보수적 경향'으로만 이해할 수는 없다. 레닌은 마음속 깊은 곳에서는 낭만적인 사람이었다. 그리고 바로 이런 이유 때문에 그에게 성적 욕망은 물 한 잔 마시기처럼 단순하고 사소한 것이 될 수 없었다.

분명히 그는 알렉산드라 콜론타이와 이네사 아르망이 말한 '자유로운 사랑'의 필요성이 간통이나 음란한 행동을 목표로 한 것이 아니었고, '자유로운 사랑'의 관계에서는 애정 없는 성관계(하룻밤의 섹스, 혼외 관계 등)나 성관계 없는 사랑(습관이 되어버린 부부관계 등)이 포함되지 않는다는 점을 이해하지 못했다. 사실 10월혁명 초기에 사랑의 관계에 대해 가장 급진적이었던 개혁자들(알렉산드라 콜론타이, 클라라 제트킨 등)과 레닌 사이에는 그들이 알고 있는 것보다 훨씬 더 많은 공통점이 있었다. 유일한 (매우 크지만) 차이는 알렉산드라 콜론타이와 이네사 아르망이 공산주의 혁명은 성/사랑 혁명과 함께 이루어져야 한다는 생각을 전개한 것이 옳았다는 점이다. 반대로 레닌은 아직 적절한 시기가 아니며 혁명을 먼저 이루어야 (권력을 획득해야) 사랑의 문제를 다룰 수 있다고 생각했다. 혁명이 성공하기 위해서는 혁명을 이루어내는 사람들의 삶의 가장 은밀한 세부 사항에도 관심을 많이 기울여야 하며, 그 두 가지는 별도로 취급할 수 없다. 모든 혁명, 봉기, 시위, 저항, 점령운동의 초기에도 '인적 요인'을 다루어야 한다(상황을 조직하기, 에너지 전달하기 등). 욕망이나 리비도적 투자를 간과할 수는 없다. 레닌이 죽었을 때 스탈린이 한 말처럼 공산주의자들은 정말 '특별한 유형의 사람들'일지도 모르지만 특별한 종류의 사람들도 욕망은 갖고 있다.

레닌을 보자. 혁명 이전(제1차 세계대전이 일어나기 전 서유럽 망명 시절)에 그는 시베리아에서는 숙련된 사냥꾼이자 체스 선수였고, 알프스에서는 등산객이었으며, 서유럽 도시에서는 자전거를 즐겨 타지 않았던가? 이와 같은 '비기하학적인 레닌'이 레닌의 진정한 급진성이 아닌가? 한편으로는 혁명에 대한 전념이 있고 다른 한편으로는 욕망에 대한 전념이 있다. 또 사랑에 대한 전념이 있다. 이는 진정으로 '특별한 유형의 사람'이며, 스탈린과 같은 유형의 사람은 아니다. 스탈린과 같은 사람으로 인해 대단히 충격적인 의문들이 다수 제기된다. 혁명, 즉 사랑이 어떻게 공포에 대한 사랑이 되고, 공포가 사랑이 되는가? 아이를 보호할 필요가 어떻게 새끼를 보호하려는 짐승이나 할 법한 폭력으로 변하는가? '사랑의 자유'가 어떻게 타인을 소유하려 하는 악몽이 되는가? 새로운 세계에 대한 개방성이 어떻게 동화시키고 폐쇄하려는 가장 저차원의 인간 감정이 되어버리는가?

혁명 중에 느리게 일어난 거의 눈에 띄지 않는 위반, 퇴행, 발전을 발견하는 것이 이 변화의 경로를 확인할 수 있는 가능한 해석학적 방법 중의 하나가 될 것이다. 레닌의 제네바 망명 시절 동료였던 니콜라이 발렌티노프Nikolai Valentinov(1879~1964)˙는 회고록《레닌과의 만남My Encounters with Lenin》에서 한 이야기를 들려준다. 혁명 이전 레닌의 젊은 시절에 전문 혁명가가 정당하게 꽃을 즐길 수 있는가에 대해 진지한 토론이 동지들 사이에 이루어졌다. "지도자조차 과하다고 판단할 정도로 열성적이었던 레닌의 동지 한 사람은 그런 행동은 금지되어 있다고 말했다. 꽃을 좋아하기 시작하면 스스로 알아차리기도 전에 멋진 정원의 한가운데서 해먹에 게으르게 몸을 뻗은 채 프랑스 소설이나 읽으면서 비굴하게 구는 하인의 시중을 받으며 지주처럼 살고 싶은 욕망에 사로잡히게 된다는 것이었다."[16]

이 해석적 조사에서 한 걸음 더 나아가면 꽃처럼 진부해 보이는 질문에 대한 고지식한 토론을 찾아내고 수집하는 것이 될 것이다. 혁명의 민족학을 만드는 것은 엄청나게 큰일이 될 것이다. 술, 미니스커트, 음악, 춤, 음식, 책, 패션 등은 어떤가? 이 분야들은 가장 인

˙ 러시아의 저널리스트이자 경제학자.

간적이어서 가장 이데올로기적이기도 하므로 혁명이 어떻게 쉽게 퇴행할 수 있는지 밝혀낼 수 있다. 다시 말해 혁명이 금지하고 규정하는 경향을 지니며 '안다고 가정된 주체'의 지위를 차지할 때를 드러낼 수 있다.

'비기하학적인 레닌'이 '기하학적인 레닌'으로 변할 때 위험이 나타난다. 리비도 에너지가 등산이나 자전거 타기에 투입될 때 혁명을 위협하는 것이 아니며, 성적 에너지나 사랑과 더불어 억압되어야 하는 것이 아니다. 반대로 혁명이 이 자연스러움을 삼켜버릴 조짐을 보일 때 위험이 나타난다.

규율과 자연스러움 사이의 이 영속적인 긴장을 가장 잘 보여주는 예를 막심 고리키Maxim Gorky(1868~1936)의 유명한 일화에서 볼 수 있다. 1920년, 모스크바에 위치한 고리키의 집에서 레닌이 베토벤의 소나타를 감상했던 이 일화는 레닌과 이네사 아르망 사이의 깊은 관계와 편지 교환을 이해하는 데 '잃어버린 고리'를 제공해준다. 러시아 출신 유대인 피아니스트이자 작곡가인 이사이 도브로벤 Issay Dobrowen이 연주한 베토벤의 〈열정 소나타〉를 감상한 레닌은 잘 알려진 말을 남겼다.

저는 〈열정 소나타〉보다 더 위대한 것을 알지 못합니다. 그 곡은 기꺼이 매일이라도 들을 수 있지요. 인간적인 것을 넘어서는 놀라운 음악이지요. 저는 이 더러운 지옥에서 살면서 그런 아름다움을 만들어낼 수 있는 사람들의 머리를 쓰다듬으면서 다정하고 어리석은 말을 하고 싶어집니다. 하지만 오늘날에는 누군가의 머리를 쓰다듬어서는 안 되지요. 당신의 손을 물어뜯을 테니까요. 사람들의 머리를 사정없이 때리는 것이 불가피하죠. 이상적으로는 사람들에게 폭력을 사용하는 것에 반대하지만 말입니다. 의무는 지독하게 힘든 것입니다![17]

바로 이 구절이 레닌의 비밀, 즉 그가 지닌 사랑에 대한 두려움을 드러내는 것이라면 어떨까? 〈열정 소나타〉가 음악의 '위대한 아름다움'만이 아니라 이네사 아르망을 나타낸다면 어떨까? 그것이 사랑의 환칭이라면, 즉 사랑을 대체한다면 어떨까? 그런 가능성을 보여주는 증거가 있다. 이 까다로운 주제에 대해 오랫동안 침묵을 지켰던 안젤리카 발라바노프Angelica Balabanoff(1878~1965)*는 말했다. 레닌은 "음악을 매우 사랑했지만 크룹스카야Krupskaia(1869~1939)**는 이를 채워줄 수 없었다. 이네사는 레닌이 좋아한 베토벤 곡과 다른 곡들을 아름답게 연주했다"고 말했다.[18] 레닌이 막심 고리키를 방문했던 해가 이네사 아르망이 죽은 해인 1920년이라는 점을 고려한다면 큰 충격과 우울함에 빠진 남자를 상상하는 일이 그리 어려운 것일까? 사랑하는 연인이 더 이상 연주할 수 없으며 앞으로도 연주하지 못할, 좋아하는 〈열정 소나타〉를 간절히 다시 듣고 싶어 했던 남자 말이다.

* 러시아의 혁명가. 한때 무솔리니의 연인이었다.
** 러시아의 혁명가, 교육가. 1898년 레닌과 결혼했다.

발라바노프의 회상에 따르면 레닌은 이네사의 죽음으로 극도로 낙담해 그녀에게 장례식 추모사를 부탁했다. 마지막 순간에 알렉산드라 콜론타이가 도착해 감동적인 추도사를 했는데 "레닌은 절망에 빠져 있었고 모자를 눈까지 내려 쓰고 있었다. 그는 왜소해 보였고 움츠러든 채 더 작아지는 것처럼 보였다. 그는 측은해 보였고 마음에 상처를 입은 것 같았다".[19] 콜론타이는 상기한다. "그녀의 시신이 코카서스에서 도착했고 우리는 묘지까지 함께 갔다. 레닌은 몰라볼 정도였다. 그는 눈을 감은 채 걸었는데 매순간 우리는 그가 쓰러지지 않을까 생각했다. 그는 이네사 아르망이 죽은 후에 계속 살아갈 수 없었다. 이네사의 죽음이 그를 죽음에 이르게 할 병의 악화를 앞당겼다."[20]

이제 고리키의 집에서 〈열정 소나타〉를 듣고 있는 레닌을 상상해보자. 그것은 지독하게 힘든 일이었을 것이다.

4

체 게바라의 시험:
사랑인가, 혁명인가?

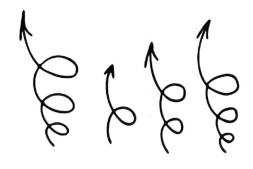

레닌의 '〈열정 소나타〉 딜레마'에 나타난 문제는 수년 후에 다른
한 위대한 혁명가를 괴롭히게 된다. 에르네스토 '체' 게바라Ernesto
'Che' Guevara는 1967년에 쓴 〈삼대륙에 보내는 메시지Message to the
Tricontinental〉에서 유명한 (악명 높은) 발언을 했다.

투쟁의 요소로서의 증오, 적에 대한 가차 없는 증오는 인간이 물려
받은 자연적인 한계를 넘어서 효과적이고 폭력적이며 선별된, 냉
혹한 살인 기계로 바뀌게 합니다. 우리 대원들은 그렇게 되어야 합
니다. 증오가 없는 사람들은 악랄한 적을 물리칠 수 없습니다.[1]

그가 불과 2년 전에 3개월 동안 아프리카를 방문했을 때 쓴 〈쿠
바의 사회주의와 인간Socialism and Man in Cuba〉의 대조적이고 모순적
으로 보이는 유명한 구절과 비교해본다면 논란의 여지가 있는 앞의

진술을 어떻게 평가해야 할까?

터무니없게 들릴 수도 있겠지만 진정한 혁명가를 이끄는 것은 사랑이라는 위대한 감정이라고 말하고 싶습니다. 이런 자질이 없는 진정한 혁명가를 생각할 수는 없습니다. 혁명가는 열정과 냉정한 지성을 모두 갖추고, 물러서지 않은 채 고통스러운 결정을 내려야 합니다. 이런 점이 지도자가 만들어내는 위대한 드라마가 될 것입니다. 전위적 혁명가들은 민중에 대한 사랑을, 가장 신성한 대의에 대한 사랑을 이상화하고 불가분의 것으로 만들어야 합니다. 그들은 보통 사람들처럼 약간의 일상적인 사랑을 실천하는 수준까지 내려갈 수 없습니다.[2]

한편으로는 투쟁의 중대한 연료로서 증오를 열정적으로 설파하면서 혁명가들을 냉혹한 살인 기계로 그리는 게바라가 있고, 다른 한편으로는 우스꽝스럽게 들릴 위험을 감수하면서 진정한 혁명가를 이끄는 것은 사랑이라는 위대한 감정이어야 한다고 가르치는 사람이 있다. 레닌에게서도 보이는, 대조적인 듯한 두 입장을 어떻게 조화시킬 것인가?

진정한 사랑의 급진성 ─ 진정한 혁명의 급진성도 ─ 은 어느 쪽의 전제도 억누르거나 지우지 않는 헤겔적 지양에서 찾을 수 있다고 가정할 수 있다. 다시 말하자면 진정한 사랑의 급진성은 혁명의 급진성에서 발견되고, 혁명의 급진성은 진정한 사랑에서 발견된다.

사랑/혁명의 급진성이 주는 교훈은 '혹은/또는'이 아닌 '그리고/또는'의 범주에서 생각해야 한다는 점이다. 체 게바라의 사랑/증오 딜레마를 괴리나 모순으로 인식한다면 실수이며, 그리고/또는 상황에서 이해할 수 있는 지점에 도달해야 한다. 그렇다. 동시에 사랑하고/사랑하거나 증오하는 것은 가능하다. 사랑과 증오는 반드시 반대되는 것은 아니며 제3의 경우로 이어질 수 있다.

체 게바라와 그의 두 번째 부인인 알레이다 마치Aleida March의 네 자녀 중 장녀인 알레이다 게바라Aleida Guevara는 이와 관련해 필요한 변증법적 전환을 제공해준다. "아버지는 사랑하는 법을 알고 계셨고, 사랑할 줄 아는 능력이 아버지의 가장 아름다운 점이었습니다. 진정한 혁명가가 되기 위해서는 낭만적인 사람이 되어야 합니다."[3] 달리 말하자면 혁명은 사랑에 근거를 둘 수 있고 두어야 한다.

〈쿠바의 사회주의와 인간〉에서 진정한 혁명가는 사랑이라는 위대한 감정에 의해 인도되어야 한다고 말한 후에 체는 경고했다. "혁명 지도자들의 아이들은 말을 배우기 시작했어도 '아빠'라고 말하는 것은 배우지 못하고, 아내들은 혁명을 이룰 수 있도록 그들의 삶 전체를 바쳐야 합니다." 알레이다는 아버지 체가 말하는 바를 잘 알고 있었다. 체가 콩고에서 혁명을 일으키기 위해 쿠바를 떠났을 때 그녀는 겨우 네 살 반이었다. 그가 볼리비아에서 처형되었을 때는 겨우 여섯 살이었다. 진정한 혁명가는 낭만적인 사람이어야 한다. 거기에는 희생도 포함된다.

2013년 5월에 자그레브에서 만났을 때 나는 알레이다에게 아버지를 얼마나 자주 만났는지 물어볼 기회가 있었다. 그녀는 아버지를 만난 일은 매우 드물었고, 아버지가 가족을 방문하러 왔을 때는 '신분을 숨긴 채', '아버지의 친구'로 가장해 아이들이 '아빠'라고 불러서 진짜 정체를 드러내는 일이 없도록 했다고 말했다. 이런 전후 사정에서 혁명 지도자들의 아이들이 '아빠'라고 말하는 것을 배우지 못한다는 이야기는 실제로는 체 자신의 것임이 분명하다. 볼리비아에서 그를 잡은 정부군들 사이에서 체를 지칭한 암호가 바로 '아빠Papa'였다는 점은 역사적으로 잔인한 일이다.[4] 혁명을 지키기 위해 '아빠'라고 말하는 법을 배울 수 없었던 아이들에 대한 아버지의 사랑을 그를 '아빠'라고 부른 적의 증오가 납치해버린 것과도 같았다.

아이들과 부모 사이의 힘든 관계는 양쪽에서 일어났다. 혁명가 부모로서 체 게바라가 자신의 아이들에 대한 사랑을 박탈당했을 뿐만 아니라 (그는 끊임없이 감정을 억누르면서 감정이 없는 것처럼 행동해야 한다) 아이들도 — (아버지의 것이 아닌) 그들의 혁명적 과업에 대해 의식하고 있다면 — 그들의 부모에 대해 감정을 억제하는 동일한 관계를 갖게 된다(사랑은 혁명적 대의로 승화되어야 한다. 비록 그 대가로 부모를 다시 보지 못하게 되더라도 그래야 한다).

이 어려운 과업은 체가 1965년에 극비리에 콩고로 떠나기 전, 그의 부모에게 보낸 유명한 작별 편지에 잘 나타나 있다.

부모님께

…… 많은 사람들이 저를 모험가라고 부를 겁니다. 그렇습니다. 다만 다른 부류의 모험가지요. 자신의 진실을 증명하기 위해서는 목숨도 바칠 수 있는 모험가지요. 이번이 마지막이 될지도 모릅니다. 저도 바라지는 않지만 그렇게 될 타당한 가능성이 있어요. 그런 일이 일어나게 된다면 이것으로 마지막 인사를 보내게 됩니다. 두 분을 정말 사랑했지만 표현할 방법을 몰랐어요. 융통성 없는 제 행동 때문에 때로는 저를 이해하지 못하셨을 겁니다. 저를 이해하시기는 쉽지 않으셨겠지요. 그래도 지금은 저를 믿어주세요. ……

고집 센 탕자, 에르네스토 드림[5]

그의 어머니 셀리아 데 라 세르나Celia de la Serna는 이 편지를 읽을 기회가 없었다. 편지가 부에노스아이레스에 도착할 무렵 그녀는 이미 유방암으로 세상을 떠난 뒤였다. 체가 떠나기 직전 어머니가 한 번 만나고 싶어 했지만 체는 여행을 위한 준비가 앞당겨져 불가능하다고 전했다. 그의 어머니는 위독하다는 사실을 숨겼다. 체는 콩고에 있을 때 어머니가 돌아가셨다는 소식을 접했고 '전쟁에서 가장 슬픈 소식'[6]이라고 말했다. 부고를 받은 날 그는 어머니가 오래전에 준 돌이 달린 열쇠고리와 관련해 〈돌La Piedra〉이라는 단편소설을 썼다. 매우 내밀한 고백의 도입부에서 그는 조금 울어도 괜찮을지 생각하다가 지도자는 개인적인 감정을 가질 수 없다는 결론에 도달한다. 개인적 감정을 가질 권리를 부인했다는 것이 아니라 대원과 같은 행동을 보여서는 안 된다는 것이었다. 그러고 나서 그는 울지 않는 것이 울어서는 안 되기 때문인지, 울 수 없어서인지 자문하다가 다음과 같은 결론에 이른다.

> 모르겠다. 나는 정말 모르겠다. 나는 어머니가 여기 있고 그 앙상한 무릎에 내 머리를 누일 수 있을 필요를 느낀다는 것만을 알 뿐이다. 어머니가 부드럽게 '늙은 아이'라고 부르는 것을 들으며, 그 서투른 손이 헝겊 인형을 만지듯 내 머리를 어루만지는 것과 어머니의 눈과 목소리에서 흘러나오는 부드러움을 느껴야 한다. 그러나 이제 그 부드러움은 더 이상 끝까지 전달되지 못한다. 어머니의 손은 떨리고 어루만지기보다는 손을 갖다 댈 뿐이지만 여전히 부드러움이 흘러나온다. 나는 아주 좋은 느낌, 작아진 느낌, 강해진 느낌을 받는다. 어머니에게 용서를 구할 필요는 없으리라. 어머니는 모든 것을 다 이해하신다. '늙은 아이……'라는 말에서 분명히 알 수 있듯이.[7]

그렇다. 아내들, 어머니들, 아이들이 혁명을 위해 그들의 삶을 희생해야 하지만 그렇다고 사랑이라는 위대한 감정이 혁명가를 이끌지 않는다는 의미는 아니다. 참된 희생에 대한 가장 정확한 정의는 다음과 같을 것이다. 큰 가치가 없는 것을 의도적으로 억제하고 포기하는 것은 희생이라 부르지 않는다. 당신에게 매우 중요한 것을 희생하고 그로 인한 결과를 잘 알면서도 티내지 않고 희생하는 것이 진정한 희생이다. 호의도 마찬가지다. 당신이 누군가에게 호의를 베풀면서 그것을 위해 당신이 얼마나 희생해야 했는지 말하는 순간 호의는 사라져버리며 더 이상 호의가 아니게 된다. 자선도 마찬가지다. 유일하게 진정한 자선은 어려움에 처한 사람에게 무언가를 주면서 감사도 받지 않는 것이다. 당신이 자선을 자랑하는 순간 더 이상 자선이 아닌 것이다.

게바라의 두 번째 아내이자 그의 다섯 아이 중 네 아이의 생모인 알레이다 마치가 40년간의 자발적 침묵 후에 출간한 회고록에는 바로 체의 '따뜻하고', 감정적인 면이 드러났다. 그는 냉혹한 살인 기계라고 자처했지만 그 외에도 연인이자 시인이고 남편이며 다섯 아이의 아버지이기도 했다. 회고록에서는 그들이 게릴라 동지로 처음 만났을 때부터 그 후 10년도 안 되어 체가 볼리비아에서 처형당했다는 소식을 듣게 된 순간까지의 시간을 다루고 있다. 그 삶은 한편으로는 사랑하는 사람들에 대해 깊은 애정을 가지고 있으면서, 다른 한편으로는 혁명적 대의를 위해 그 감정들을 억누르기로 하면서 양쪽 사이를 오간 포르트-다fort-da• 운명으로 나타난다.

알레이다 마치와 체 게바라의 관계는 가장 열정적인 감정과 혁명적 대의에 대한 최대한의 충실함 사이에서 주저했던 숙명적인 길 위에 있었다. 1965년 파리에 있을 때 아내에게 보낸 편지에서 체는 그녀에 대한 사랑이 매일 더 커져가며 그의 가족이 (아이들과 그가 경

• 프로이트는 '반복 강박'의 예로 실패 놀이를 든다. 아이가 실패를 던졌다가 끌어당기면서 '없다fort', '있다da'라고 하면서 노는 행위는 어머니의 부재를 견디기 위한 것이다.

험하기보다 느낄 수만 있는 '작은 세계'가) 손짓해 부른다고 이야기한다. 그러면서도 그것이 자신의 의무에서 주의를 돌리게 할 수 있으므로 위험할 수 있다고 말한다. "우리는 거의 전투에만 집중한 기계가 되었다"[8]고 알레이다는 비유적으로 말했다. 다른 한편으로, 체가 증오('투쟁의 요소로서 증오')와 사랑('진정한 혁명가를 인도하는 것은 위대한 사랑의 감정이다') 사이에서 오갔던 것처럼 양쪽을 오가면서, 그녀는 딸과 마찬가지로 체의 헌신이 "사랑에 기반을 두고 있었다"[9]는 결론에 도달했다.

사실 그 이상이었다. 체의 혁명적 헌신은 사랑에 기반을 두고 있었을 뿐만 아니라 그 자신이 사랑 기계였다. 콩고로 떠나기 전에 그는 "당신만 보세요"라고만 쓰인 봉투를 남겼는데 그 안에는 그들이 사적인 시간을 보내면서 함께 읽은 시 몇 편을 녹음한 테이프가 들어 있었다. 테이프를 남기면서 그는 자신의 가장 좋은 부분을 놓고 간다고 썼다. 파블로 네루다Pablo Neruda(1904~1973)의《스무 편의 사랑의 시Adios: Veinte poemas del amor》(1924)나〈수많은 피La sangre numerosa〉같은 '그들이 공유한 시'를 체가 낭송한 것이었다.

체가 혁명적 대의를 따르기 위해 콩고로 떠났을 때 부부는 다시한 번 힘든 이별의 시간을 겪었다. 그러나 체는 비통한 감정에 빠지는 대신 자신과 함께하고 싶다면 '아내'가 아닌 전투원으로 와야 한다고 알레이다에게 편지를 썼다. 다른 편지에서는 혁명적인 사랑이 가질 수 있는 의미에 대해 최선의 설명을 해준다.

난 인생의 대부분에서 다른 중요한 문제를 위해 내가 느낀 사랑을 억제하며 살아야 했어요. 그래서 내가 기계적인 괴물로 여겨지는 지도 모르지요. 알레이다, 나를 도와줘요. 부디 강해지고 해결할 수 없는 문제를 만들지 말아요. 우리가 결혼했을 때 당신은 내가 어떤 사람인지 알고 있었지요. 앞으로의 길이 더 편안해지도록 당신 몫을 다해줘요. 아직도 갈 길이 멀어요.

나를 열렬하게 사랑해줘요. 하지만 내 길은 이미 결정되어 있고 죽음 외에는 아무것도 나를 막을 수 없다는 점을 이해해줘요. 나 때문에 슬퍼하지 말아요. 삶을 붙들고 최선을 다해요. 우리가 함께할 수 있는 여정도 있겠지요. 나를 움직이는 것은 모험과 그 결과에 대한 단순한 갈증이 아니에요. 나는 그 점을 알고 있고, 당신도 알고 있어야겠지요. ......[10]

이 편지는 급진적인 혁명가가 아내에게 전하는 충고로만 이해할 수 있는 것이 아니라 사랑의 급진성에 대한 적절한 정의에 마침내 더 가까이 다가갈 수 있게 해준다. 사랑의 급진성은 일상적으로 여겨지는 바와 달리 세계의 나머지 부분을 결정적으로 지워버리는, 다른 존재에 대한 배타적인 지향성에 있지 않다. 오직 한 사람에 대한 사랑은 니체가 《선악을 넘어서Beyond Good and Evil》(1886)에서 잘 보여주었듯이 다른 모든 사람들을 희생하면서 행하는 것이므로 야만적 행위의 일부이다. 그러나 니체가 이 아포리즘에 추가하고 있는 것, 즉 신에 대한 사랑도 마찬가지라는 점은 종종 잊혀진다. 혁명의 경우에도 마찬가지가 아닐까? 혁명이 우리의 신이라고 한다면, 그것은 가장 인도주의적인 이상으로 선언될 수 있더라도, 사실상 다른 모든 이들을 희생함으로써 (굴라그* 등으로) 실행될 수도 있다. 진정으로 급진적인 혁명을 이루기 위해서는 사랑이 필요하다. 알랭 바디우의 말대로 사랑은 '최소의 코뮤니즘' 형태이다. 사랑은 두 사람을 위한 코뮤니즘이다. 그러나 사랑은 코뮤니즘만큼 도달하기 힘들고, 종종 코뮤니즘처럼 비극적으로 끝날 수도 있다. 진정한 사랑은 혁명처럼 새로운 세계의 창조이다.[11]

물론 진정한 사랑을 이루는 것은 전혀 쉬운 일이 아니다. 콩고 투쟁에서 예상치 못한 사태 전환이 일어난 후, 1965년 11월 28일 탄자니아에서 쓴 편지에서 체는 사랑과 혁명 사이의 이 영속적인 불화에 대해 다시 말한다.

당신도 알다시피 나는 모험가이면서 부르주아여서 집에 돌아가는 것을 매우 갈망하면서도 동시에 꿈을 실현하는 것을 간절히 바라지요. 관료로 일을 했을 때는 내가 시작한 일을 해내는 것을 꿈꾸었어요. 지금은 내 길을 가는 동안 커가는 아이들과 당신을 꿈에 그려요. 아이들은 나에 대해 낯선 상상을 하겠지요. 아이들이 나를 멀리 있는 극악무도한 인간으로 사랑해야 하는 것이 아니라 언젠가 아버지로 사랑하는 건 정말 힘든 일이 되겠지요. …… 지금 주

* 구소련의 강제수용소.

위에는 적도 없고, 부당한 일도 보이지 않지만 나는 감금된 죄수나 마찬가지지요. 당신에 대한 강렬한 욕망은 카를 마르크스나 블라디미르 일리치 레닌으로도 늘 진정되지는 않아요.[12]

1966년 2월, 마침내 두 사람이 은밀하게 만날 기회가 왔다. 체는 그녀가 거의 알아보지 못할 정도로 다른 인물로 변장한 채 탄자니아에서 기다리고 있었다. 그는 말끔하게 면도했고 쿠바에서 늘 입었던 올리브 그린색 군복을 입고 있지 않았으며 검정색 가발과 더 나이 들어 보이게 하는 안경을 써서 변장했다. 그들은 그다지 편안하지는 않은 일인실에서 한 달간 함께 지냈는데 알레이다는 그들이 함께 보낸 가장 행복한 시기였다고 말했다. 탄자니아에서 보낸 이 시기 동안, 체는 아이들을 위해 이야기를 녹음했고 후에 유명해진 작별 편지를 피델 카스트로에게 썼다. 이 재회는 아이들이나 경호원 없이 두 사람만이 상당한 시간을 보낼 수 있었던 처음이자 마지막 시간이었고 그들이 갖지 못한 신혼여행과도 같았다. 체는 곧 프라하로 떠났고 이후 볼리비아로 갔다. 알레이다는 쿠바로 돌아왔다. 며칠 뒤에 보낸 내밀한 작은 수첩에 적힌 어둡지만 매우 낭만적인 고백에서 그는 끝나버린 과거를 생각하며 그녀에게 말했다. "나를 부르지 마오. 나는 듣지 못할 테니. 하지만 화창한 날 총알 세례를 받으면서 당신을 느끼겠지요."[13]

다시 반복된다. 낭만적이고 열정적인 짧은 만남을 가진 후 체는 다시 냉혹한 살인 기계가 된다. 그런데 그것이 그렇게 쉬운 일일까? 그는 변하지 않는 낭만주의자였는가 아니면 냉혹한 살인 기계였는가?

최신 영화 두 편의 형식이 이에 대한 대답의 여지를 제공해준다. 두 영화는 일반적으로 성격상 대조적이거나 모순된다고 여겨지는 혁명 '전'과 혁명 '중'/'후'의 체라는 인생의 두 측면을 포착하고자 했다.

첫 번째 영화 〈모터사이클 다이어리The Motorcycle Diaries〉(월터 살레스 감독, 2004)는 체가 남미 전역을 오토바이로 여행(네 달 반 동안 1만 4,000킬로미터를 주행)한 것을 그의 일기를 참고하며 다루었다. 23세의 에르네스토 게바라 역을 맡은 멕시코 배우 가엘 가르시아 베르날은 순진하고 부드러운 얼굴을 통해 레닌보다는 잭 케루악Jack Kerouac(1922~1969)＊에 더 가까운 모습을 보여주었으며, 타협하지 않는 모험가였던 젊은 체를 완벽하게 구현해냈다.

다른 영화 〈체Che〉(스티븐 소더버그 감독, 2008)는 게바라의 《쿠바 혁명 전쟁의 회고Reminiscences of the Cuban Revolutionary》와 《볼리비아 일기Bolivian Diary》에 기반을 두고 있다. 감정 없는 살인 기계에 훨씬 더 가까운 비타협적인 혁명가 역은 베니치오 델 토로가 연기했다. 두 영화가 단지 내용이나 배우의 인물 구현만이 아니라 촬영 기술에서도 명확하게 구분(사랑 기계 대 살인 기계)되는 점은 흥미롭다. 예를 들어 〈모터사이클 다이어리〉에서는 젊은 체의 더 인간적인 모습을

＊　미국 비트 세대의 소설가이자 시인. 대표작으로 《길 위에서》가 있다.

만들어내기 위해 클로즈업(가르시아 베르날은 그 역할에 이상적인 얼굴을 갖고 있다)이 사용된 반면, 소더버그의 〈체〉에서는 게바라가 집단주의에 대해 신념을 갖고 있으므로 베니치오 델 토로의 클로즈업을 의식적으로 피했다. 이 점에 대해서는 소더버그가 직접 설명한 바 있다. "강경한 평등 사회주의 원칙을 지닌 사람에 대한 영화를 찍으면서 그를 클로즈업해 분리시킬 수는 없지요."[14]

그러나 그의 인생에서 이 두 측면을 별개의 부분으로 본다면 잘못일 것이다. 오히려 논리적인 진행으로 보아야 한다. 즉 단절(젊고 순진한 모험가가 냉혹한 살인 기계로 갑자기 변했다)이라기보다는 처음부터 두 가지 측면이 연속되고 공존하는 것으로 보아야 한다. 혁명 안에서 개인적 특성과 사랑할 수 있는 능력은 최고로 표현될 수 있고, 사랑 안에서 (가령 누군가 열광적으로 사랑에 빠졌을 때) 누군가의 열망은 가장 위험한 시험에 빠지게 된다.

간단히 말해 혁명이 희생을 요구한다면 사랑도 그렇다. 그러나 진정한 사랑이라면 희생이 희생으로 여겨지지 않는다. 그리고 진정한 혁명이라면 어떤 희생이든, 자신의 생명을 희생하는 것일지라도 희생으로 여겨지지 않는다. 사랑과 혁명은 완전한 광기로 보일 수 있는 순간들이나 믿을 수 없는 행동을 만들어낼 수 있다. 그러나 우리는 니체의 말에 다시 귀 기울여야 한다. "사랑에는 항상 약간의 광기가 있다. 그러나 광기 속에도 항상 어느 정도의 이성이 있다."[15]

나는 2012년에 튀니지의 모나스티르에서 열린 세계사회포럼 준비 모임을 언제까지나 기억할 것이다. 몇 시간 동안 전혀 생산적으로 보이지 않는 힘겨운 토론이 이어지자 한 활동가가 인도 활동 가 비노드 라이나Vinod Raina에게 물었다. (비노드는 2013년 9월에 암으로 세상을 떠났다.) "자비로 비행기표를 사서 튀니지까지 와서 왜 이 지루한 회의에서 몇 시간 동안이나 토론을 하는 거죠?" 비노드는 대답했다. "우리가 미쳤기 때문이지요." 나는 비노드를 추모하면서 덧붙이고자 한다. 오늘날 미치지 않은 것은 미친 것이다.

알레이다의 회고록 덕분에 우리는 이성과 광기가 조합된 세계에 몰입해볼 수 있다. 한편으로는 혁명가의 헌신(혁명적인 길의 순수이성을 따르기 때문에 쿠바에 이어 콩고 그리고 볼리비아로 향했던)이 있고, 다른 한편으로는 끊임없는 변장과 이동, 혁명의 그림자 아래에서 참기 어려운 영원한 포르트-다 게임이 이어지는 세계가 있다. 짧은 순간의 재회를 추구하고, '은신처'에 숨으며, 이별의 인사와 입맞춤을 나누면서 다시 만날 수 있을지도 알 수 없는 삶이다. 양쪽 모두 타당하면서 광기이기도 하다. 그러나 진정한 광기라면 그것을 몇 번이고 되풀이하지는 않을 것이다.

탄자니아에서 재회한 직후에 그들은 다시 프라하에서 만나 행복한 시간을 보냈다. 극비여서 엄격한 규율을 유지해야 했지만 "다시 함께 있는 것만으로 충분했다".[16] 체가 마지막으로 볼리비아로 떠나기 며칠 전, 또 다른 재회로 이어지지 않을 이별을 하기 전에 그들은 아바나의 은신처에서 아이들과 함께 만났다. 체는 이미 '라몬'으로 변장한 상태였다. 알레이다는 아버지의 우루과이인 친구라면서 아이들을 만나고 싶어 했다는 남자를 소개했다. 큰 아이들이 그

를 알아보면 다른 사람에게 말하게 될까봐 체가 우려했기 때문이었
다. 이때가 그들에게는 가장 힘든 시험이었고 그들은 다시는 서로
만나지 못했다. 체는 총알 세례를 받으며 죽었다.

5

"내 오르가즘에 문제가 있다면
베트남이 무슨 상관이겠어요?"

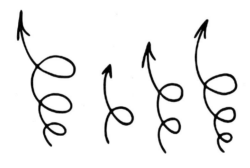

이것이 혁명의 대가이다. 그리고 혁명가들은 자신들이 감수하는 희생을 자각하고 있으며 그 희생은 그들이 이루어내고 있는 자유에 지불하는 할부금인 셈이다. 레닌이 혁명을 위해 〈열정 소나타〉/아네사로부터 의식적으로 물러난 것도 마찬가지로 말할 수 있다. 이 교착 상태는 어느 하나의 선택이 아니라 둘의 결합으로만 해결될 수 있다는 점은 분명하다. 더러운 지옥 속에서 살면서 그런 아름다움을 만들어낼 수 있는 사람들의 머리를 쓰다듬을 수도 있지만 인정사정없이 머리를 때릴 수도 있을 것이다. 남편이자 연인, 시인이면서 혁명가가 될 수도 있을 것이다.

레닌과 달리 체 게바라는 사랑과 혁명의 화해를 이루는 데 꽤 가까이 다가갔다. 그는 사랑이 반드시 혁명을 위협하는 것은 아니며, 반대로 사랑을 지나치게 억압하면 10월혁명이나 이란혁명처럼 끝나버리기 쉽다는 교훈을 준다. 그렇다. 하지만 이렇게 말할 수도 있을 것이다. 체는 사랑하는 사람들(아내, 어머니, 아이들)과의 시간을 줄곧 박탈당하지 않았는가? 그것이 혁명에 헌신한 대가가 아니었는가? 우리는 체가 남긴 글 그리고 혁명적 대의에 대한 거의 종교적인 헌신을 원망하지 않고 그를 사랑한 이들이 쓴 회고록의 내용을 따라야 할 것이다. 그 해결책은 사랑 또는 혁명이 아니라 사랑과 혁명이다.

체가 죽은 다음해인 1968년에 일어난 전 세계적 시위에서 이 테제는 가장 중대한 시험을 거치게 된다. 독일의 정치 활동가 디터 쿤젤만Dieter Kunzelmann(1939~)●으로 인해 이 시기의 전형적인 질문이 된 표현은 다음과 같다. "내 오르가즘에 문제가 있다면 베트남이 무슨 상관이겠어요?" 체나 레닌이 주장하듯이 혁명 또는 사랑 중에서 우위를 가리는 대신 이 시기의 혁명적 주체는 성의 우위성을 선언했다. 성혁명 없이는 혁명도 없다. 마치 '자유로운 사랑'이라는 동일한 문제가 다시 상정되는 듯했다. 하지만 알렉산드라 콜론타이와 10월혁명 때 활발하게 이루어진 논의에 대해서는 거의 언급되지 않았다.

독일의 68운동 중에도 코뮌 1Kommune 1에서는 '자유로운 사랑'과 '관습적인 사랑' ― 사랑 또는 혁명 ― 사이에 딜레마가 존재했다. 코뮌은 극좌파 학생운동의 부분으로서 그로부터 적군파(RAF)가 생겨났는데, 후에 적군파가 된 이들은 코뮌의 전 일

● 독일의 좌파 활동가. 1967년에 설립된 코뮌 1 멤버 중 한 명이다. 1970년 체포되어 5년 동안 감옥에 있었다.

원이기도 했다. 그들은 한편으로는 헤르베르트 마르쿠제Herbert Marcuse(1898~1979)의 일차원적 사회 이론에서, 다른 한편으로는 당연하게도 빌헬름 라이히의 영향을 받았다. 마약과 혼음을 시도한 작은 반란은 당시를 잘 나타내는 표현이었다.

1967년 초, 이 집단의 일부 젊은이들이 공동 아파트에 코뮌을 만들어 코뮌 1이라고 불렀다. 그들은 핵가족을 국가의 최소 조직으로 인식했으며 핵가족의 압제적인 성격에서 모든 제도가 (파시즘도) 나온다고 생각했다. 종속적인 남녀 관계는 인간의 자유로운 성장을 불가능하게 하는 것이었고 사적인 소유는 없애야 할 것이었다.

그 코뮌의 후반부 '지도자'였던 디터 쿤젤만은 이미 1966년 말에 〈현대 대도시에서 혁명적 코뮌 세우기에 대한 선언문Notizen zur Gründung revolutionärer Kommunen in den Metropolen〉을 발표하면서 코뮌의 목적을 대략적으로 설명했다. 코뮌의 주요 목적은 모든 '부르주아적 종속 관계(결혼 그리고 남성, 여성, 아이들에 대한 소유권 주장 등)'의 지양과 '사적 영역과 우리가 성취한 모든 정상 상태의 파괴'[1]였다. 그것은 '추상적' 투쟁에서 '구체적' 투쟁으로 가는 혁명적 단계였다. 중요한 것은 이론적인 틀이 아니라 '실천'이었다. 계급의식이 실천으로 이어지는 것이 아니라 그 반대로 실천이 계급의식으로 이어지는 것이다. 다른 유사한 시도들이 그랬듯이 코뮌 1에서도 다양한 마약과 온갖 종류의 성행위가 시도된 것은 놀라운 일이 아니었다.

쿤젤만은 마르쿠제가 1965년에 발표한 중대한 소론 〈억압적 관용Repressive Toleranz〉을 언급하며 주장한다.

우리의 실천, 직접행동이 갖는 특징은 "억압받고 군림당하는 소수들은 법적인 수단이 불충분한 짐이 증명될 경우에는 법외적 수단을 사용할 수 있는 저항권이 있다"(마르쿠제, 〈억압적 관용〉)는 진술에 있어야 한다. 전복으로 이어질 수 있는 이 저항권을 실천하는 사람들은 더 이상 전면적인 관리 사회의 규칙을 수용하지 않으며, "처음부터 대항 폭력을 자제하지 않는" "인류가 되기를 바라기 때문에" 그렇게 한다. 우리는 오직 "다른 형태의 행동"(코르쉬Korsch, 폰 게를라흐von Gerlach의 서문)을 통해서만, "우리가 만들어내야 하는 것은 21세기 인간이다……"라는 체 게바라의 말에 충실할 수 있다.[2]

제대로 된 역사 유물론자라면 이 구절을 읽은 후에 다음과 같은 반응을 보일 것이다. "그렇지요. 당신들은 의도치 않게 21세기 인간을 만들어냈어요." 그 21세기 인간의 저항'권'은 생활방식의 '자연권'으로 바뀌었다. 사실 이 가능성은 코뮌 1에 처음부터 있었다. 이 운동의 주요 지지자는 진지한 혁명 주체가 아니라 호모 루덴스Homo Ludens*였다. 그 공동체의 바탕 역할을 한 것은 루디 두치케의 '도시 게릴라Stadtguerilla'가 아니라 프리츠 토이펠Fritz Teufel(1943~2010)**이 이끈 '유희적 게릴라Spaßguerilla'였다. 기득권층에 대한 조롱(미국 부통령 허버트 험프리Hubert Humphrey를 대상으로 한 '푸

---

* 놀이하는 인간.
** 독일의 좌파 활동가. 1967년에 설립된 코뮌 1 멤버 중 한 명이다.

딩 암살', 1967년 브뤼셀의 대형 백화점에서 300명 이상의 사망자가 발생한 후에 만든 "불타라, 백화점, 불타라!"라는 논쟁적인 전단 등)은 테러리즘으로 이어졌다(안드레아스 바더Andreas Baader[1943~1977]*와 구드룬 엔슬린Gudrun Ensslin[1940~1977]**은 파울 뢰베Paul Löbe[1875~1967]***의 장례식을 풍자하는 도시 게릴라 행위를 벌였다). 하지만 이 '전복'은 후에 기득권층에게 흡수되어 상품화되었다.

코뮌 1에 합류하도록 요청받았지만 함께하지 않았던 루디 두치케는 코뮌 1이 만들어진 지 겨우 몇 개월 후, 코뮌 1에 일어날 수 있는 결과를 예측했다.《슈피겔Der Spiegel》과의 인터뷰에서 그는 레닌의 말을 되풀이해 말했다. "여성과 남성의 성적 교환은 사이비 혁명의 찬조하에서 부르주아 교환 법칙을 이행하는 겁니다."[3] 진정으로 '자유로운 사랑'은 코뮌 구성원들이 처음 생각한 것처럼 그렇게 쉬운 실천이 아니었다는 점이 코뮌의 전성기 때 명백해졌다. 1969년, 콘서트를 위해 베를린에 온 지미 헨드릭스가 코뮌에 잠시 방문했지만 결국 우쉬 오버마이어Uschi Obermaier — '68운동의 가장 아름다운 얼굴'로도 알려진 — 와 바로 호텔에 가는 것으로 끝났다. 코뮌 구성원들의 반응은 쿤첼만의 분노에 찬 고함으로 드러났다. "둘이

• 1970년 바더 마인호프Baader-Meinhof라 불린 독일 적군파를 만든 이 중 한 명. 체 게바라식 반제국주의와 마오주의를 기치로 내걸고 은행 강도, 폭탄 테러, 납치 처단 등을 감행했다.

•• 1970년 독일 적군파를 만든 이 중 한 명. 1972년 체포되어 슈탐하임의 감옥에서 1977년 10월 18일에 죽었다. 법의학적 결론은 자살이었으나 이 죽음에 대해서는 현재까지 많은 논란이 있다.

••• 독일의 정치가.

호텔에서 했냐? 관중들이 겁나? 여기서 하지 그래? 우리는 너희가 섹스하는 거 보고 싶어. 너희가 여기서 하는 거 보고 싶다고!"[4]

우쉬 오버마이어가 뮌헨에서 보수적인 부모 아래서 지내던 삶을 빠져나와 처음 코뮌에 왔을 때 구성원들은 일종의 입회식으로서 마오쩌둥과 마르크스의 책 — 고다르가 영화 〈중국 여인〉(68운동이 일어나기 1년 전에 촬영되었다)에서 앞으로 일어날 사건을 멋지게 예측한 점을 상기하라 — 을 주었지만 그녀는 책의 언어가 '너무 매력이 없다'고 생각했다.[5] 우쉬 오버마이어가 처음에는 코뮌의 불청객이자 아웃사이더로 여겨졌지만 코뮌 1을 유명하게 만든 사람이 되었다는 점은 상당히 아이러니하다. 그것은 그녀가 믹 재거, 키스 리처즈*와 성관계를 가졌기 때문이 아니라 '너무 매력 없는' 정치화된 말보다는 사적 영역의 정치화가 말 그대로 훨씬 더 매력적이었기 때문이었다. 공동체에 처음 들어왔을 때 그녀는 라이너 랑한스 Rainer Langhans(1940~)**와 사랑에 빠졌지만 그가 공공연하게 다른 여성들과 성관계를 갖는 것을 참을 수 없었다. 그렇지만 그녀는 곧 다른 구성원들보다 더 중요한 일원이 되었으며 다음과 같은 말로 기억에 남게 되었다. "당신이 상대방을 증오하는 경우에만 그에게 기쁨을 주는 것을 막을 수 있겠죠. 누군가를 사랑한다면 나는 그 사람을 행복하게 만드는 모든 것 때문에 행복하죠. 그가 다른 사람과 잔다고 해서 뭔가를 빼앗기는 게 아니에요."[6]

---

* 두 사람은 모두 록그룹 롤링 스톤스의 구성원이다.
** 독일의 작가이자 영화감독으로 코뮌 1의 일원이었다.

그녀의 회고록에 기반하고 있는 영화 〈우쉬 오버마이어Das Wilde Leben〉(아킴 보른하크 감독, 2007)에서는 코뮌 구성원들이 격렬한 시위를 한 다음날 아파트에 앉아 신문(《슈테른Stern》, 《슈피겔》 등)을 확인해보는 멋진 장면이 있다. 모든 신문의 1면에 우쉬 오버마이어의 사진이 실려 있고 구성원 한 명이 그 점을 비판하지만 랑한스는 투쟁을 위해서는 '섹스가 돈이 된다'는 자본주의 표어를 활용해야 한다고 말한다. 결국 우쉬 오버마이어는 코뮌의 가장 상징적인 얼굴이 되었다.

곧 랑한스와 오버마이어는 런던에서 롤링 스톤스와 만나도록 초대를 받았다. 이전에 오버마이어가 질투했을 때 랑한스는 '자유로운 사랑'을 말했음에도 불구하고 그는 곧 질투에 빠졌다. 쿤젤만은 오버마이어에게 지나치게 빠져서 (그전의 많은 이들과 마찬가지로) 코뮌에서 제명되었다. 이것이 코뮌 1에게 닥친 최후의 시작이었다. 코뮌 1은 그 자체의 이데올로기에 희생되었다. 결국 이른바 '공포-코뮌'은 '단지 고도의 신경증 환자 동호회'가 아닌가라는 《슈피겔》 기자의 어리석은 듯한 질문에 대한 루디 두치케의 대답이 옳은 것으로 드러났다.

그것도 그렇지만 그런 인간적 결함이 생길 상황을 만든 것에 대한 책임은 코뮌이 아니라 사회에 있지요. 《슈피겔》에 실린 코뮌 구성원들의 나체 이미지 — 성기가 지워진 것은 《슈피겔》에 대해 무언가를 말해주겠지요 — 는 제게는 코뮌의 현 상황에 대한 적절한 표현으로 보입니다. 그 사진은 제3제국의 가스실 환경을 재현하고 있습니다. 노출행위 뒤에는 무기력함, 두려움, 공포가 숨어 있으니까요. 코뮌 구성원들은 자신들을 이 사회의 억압되고 소외된 일원으로 보고 있지요.[7]

그때 (두치케가 이 예언적 발언을 한 것은 1967년이었다) 유명해진 또 다른 사진—나체의 우쉬 오버마이어가 전면에 있는《슈테른》의 1969년 사진—속의 한 사람이 곧 적군파의 핵심 인물이 되리라는 것을 누가 알 수 있었을까? 그는 '독일의 가을Deutscher Herbst'•에서 우상 같은 존재가 된 홀거 마인스Holger Meins로 안드레아스 바더, 얀 칼 라스페Jan-Carl Raspe와 함께 1972년 6월에 체포되었다. 마인스를 비롯한 적군파 재소자들은 형편없는 구금 상태에 반발해 감옥에서 몇 차례 단식투쟁을 했고, 결국 마인스는 1974년 11월에 굶어 죽었다. 그의 죽음은 유럽 전역에서 많은 시위와 테러 행위를 촉발했으며, 그 가운데 1975년 스톡홀름의 독일대사관 점거 작전에 참여한 테러리스트들은 그의 이름을 따서 '홀거 마인스 특공대'라고 칭했다. 슈탐하임에서의 단식투쟁으로 죽은 마인스는 일종의 혁명의 '순교자'가 되었으며 마지막으로 알려진 가슴 아픈 사진은 두치케의 예언이 실현된 것이었다. 코뮌의 전 일원이었던 그는 33세에 체중이 겨우 39킬로그램밖에 되지 않아 실제로 아우슈비츠 희생자처

• 1977년 후반 독일에서 일어난 일련의 테러 사건을 통칭하는 말.

럼 보였다. 마지막에는 두치케가 홀거 마인스의 열린 무덤 앞에서 주먹을 쥔 손을 흔들며 예언적 발언을 했다. "투쟁은 계속된다!"

코뮌의 여타 일원들과 달리 마인스는 인간의 몸이 성적 해방이나 다양하고 '자유로운 섹스'를 실험하기 위한 곳만이 아니라는 점을 잘 이해했다. 그는 훨씬 더 나아갔다. 죽기 겨우 6개월 전에 그는 〈무기로서의 인간Die Waffe Mensch〉이라는 제목의 편지에서 "우리는 수감되어 있지만, 무장해제된 것은 아니다. …… 우리에게는 두 개의 강력한 무기가 있다. 우리의 머리 그리고 삶, 의식 그리고 존재이다."[8] 이것은 적군파 수감자들의 가장 길고 힘겨운 집단 단식투쟁을 위한 성명이었다. 이 말의 의도는 1974년 6월 5일에 쓴 편지를 읽어보면 더 명확해진다. 그는 말한다. "프라이스 자매들은Price Sisters 10×10×10,000년 동안 산다!"[9] 이 말은 단식투쟁을 통해 불멸에 이를 수 있다는 것을 의미한다. 소위 '프라이스 자매들'은 아일랜드 공화국군 소속이었다는 이유로 감금되었으며 200일이 넘는 단식투쟁을 이끌었다.

비폭력 저항 또는 정치적 압박 수단의 형태로서 단식투쟁은 그리스도교 선교 이전의 아일랜드에서 인도의 옛 단식투쟁에 이르기까지 오랜 역사를 갖고 있다. 인도에서 시위자들—일반적으로 부채가 있는 사람들로서—은 문제의 당 앞에서 단식투쟁을 한다. 가장 유명한 예인 마하트마 간디는 유명한 몇 차례의 단식투쟁을 통해 영국의 인도 식민 통치에 항의했다. 영국과 미국의 여성참정권 운동가들 또한 단식투쟁을 했다.

　　가장 유명한 예는 당연히 아일랜드 공화국군들의 경우로 이는 인간의 몸이 무기로 사용될 수 있다는 홀거 마인스의 논지를 상기시킨다. 아일랜드 내전이 끝난 직후인 1923년에는 8,000명 이상의 아일랜드 공화국군(IRA) 수감자들이 단식투쟁을 했으며, 1940년대와 1970년대에도 단식투쟁이 이루어졌다.

　　사실 아일랜드 공화국군의 단식투쟁은 다른 무엇보다도 몇 년 뒤에 적군파의 단식투쟁에 영감을 주었다. 슈탐하임 감옥에 있던 적군파 수감자들의 상황은 관타나모라는 말이 생기기도 전의 관타나모 수감자 처지와 같았다. 모든 재소자들은 독방에 감금되었고 조명이 밤낮으로 켜져 있어서 완전히 고립되어 있는 상태였다.

　　울리케 마인호프의 글은 오늘날까지도 그 상황에 대해 가장 잘 묘사한 것으로 남아 있다.

　　느낌, 머리가 터진다(느낌, 정수리가 쪼개져 열린다) ―

　　느낌, 척추가 뇌에 밀착된다

　　느낌, 뇌가 말린 과일처럼 점점 쪼글쪼글해진다. ―

　　느낌, 계속해서, 모르는 사이에 사로잡힌다, 원격 조종된다 ―

　　느낌, 연상이 난도질된다 ―

　　느낌, 참을 수 없는 것처럼 육체를 이탈해 정신에 오줌을 갈긴다

　　느낌, 감방이 움직인다. 깨어나 눈을 뜨니 감방이 움직인다. 오후에 볕이 들면 갑자기 정지한다. 움직이는 느낌에서 벗어날 수 없다. 몸을 떠는 게 열 때문인지 추위 때문인지 알 수 없다 ―

왜 몸을 떠는지 모르겠다 — 얼어 죽을 지경이다.

……

우주여행을 하는 느낌이 몸통을 가득 채워서 가속도가 피부를 납
작해지게 만든다 —
카프카의 죄수 유형지 — 엄청난 고난이 있는 버전 —
멈추지 않는 롤러코스터 타기[10]

감옥에 갇힌 상태에서 인간의 몸과 정신에 일어나는 일에 대
해 가장 잘 묘사한 글의 하나가 아닐까? 게다가 이 모든 예들 — 홀
거 마인스의 단식투쟁과 울리케 마인호프의 느낌 — 은 푸코에서
아감벤에 이르기까지 정치 이론에서 생명정치^{biopolitics}라고 불리는
것을 보여준다. 그러나 호모 사케르^{homo sacer}는 반격을 가할 수 있
다 — 수감자들은 마지막 방책, 마지막 수단, 마지막 투쟁 장소로 자
신들의 몸을 사용했다.

아일랜드 공화국군의 예를 다시 들어보자. 1978년에 재소자들
은 소위 '불결투쟁'이라고 알려진 시위를 시작했다. 그들은 샤워를
하거나 변기를 사용하기 위해 감방에서 나가는 것을 거부했고 간수
들은 감방을 청소할 수 없었다. 그로 인해 권력 역학에 분명한 전환
이 일어났다. 여성 수감자들은 청결한 신체 대상이 되는 것을 거부
하고 생리혈을 감방에 발랐다. 그들의 육체는 이제 정치적 무기로
써 규율과 정상화의 대상이 아닌 저항의 장소로 변했다.

생명정치의 상황에서 살며 모든 것을 박탈당한 채 육체가 규율

과 처벌의 대상이 되면 바로 육체가 마지막 수단이 된다. 오래전으로 거슬러 올라가 유명한 사드 후작의 예를 보자. 그는 32년간 투옥 생활을 했다. 그는 감옥에서 글을 쓸 수 있는 모든 도구를 몰수당해서 날카로운 물건으로 벽에 글을 새겼는데 그조차도 빼앗겼을 때는 손가락을 물어뜯어 피로 썼다는 사실은 잘 알려지지 않았다……

울리케 마인호프의 진술과 사드 후작의 행동은 그들과 같은 극단적인 상황에 처했을 때 육체와 정신 사이에는 차이가 없다는 점을 보여준다. 정신이 육체가 되고 육체는 정신이 된다. 이는 일반적으로 기독교적 플라톤주의에서 육체보다 정신을 긍정적으로 가치 평가하는 것을 단순히 역전시킨 것이 아니다. 이제는 육체가 정신보다 우위에 있다고 말할 정도로 단순한 문제가 아니다. 〈무기로서의 인간〉에는 육체와 정신의 이원적 대립을 극복하려는 경향이 명백히 나타난다. 그런 이유로 니체는 육체Körper가 아닌 몸Leib에 대해 말한다. 육체는 언젠가 죽게 되는 신체이고, 몸은 단순한 육체 이상으로 육체, 정신, 영혼이 통합된 것이다.

바로 여기에서 초반부로 돌아가야 한다. 그 '급진적' 예들—최후의 무기로서의 자살은 말할 것도 없고 적군파 단식투쟁, 아일랜드 공화국군의 불결투쟁—은 육체가 항상 정치적 대상이 되는 것은 아니며 정치적 주체가 될 수도 있다는 점을 보여준다. 터키에서 일어난 최근의 시위는 "육체가 무기가 될 수 있다"는 주장에 적어도 두 가지 확증을 제공해주었다.

첫 번째 예로 터키 국립 오페라 발레단 단원들이 이스탄불 게지 공원을 점거한 시위자들과* 연대해 춤을 추며 한 시위가 있다. 한 시위자는 의사를 표현할 수 있는 유일한 방법이 무대에서 춤추는 것뿐이었다고 말했다. "우리는 춤으로만 표현할 수 있으니까 이런 식으로 저항을 보여주는 거예요." 다른 예는 이제 유명해진 이른바 '스탠딩 맨'(서 있는 남자)이다. 이 남자가 단순한 시위자가 아니었다는 사실이 놀라운 일일까? 그는 무용가이자 안무가인 에르뎀 귄뒤즈Erdem Gunduz로 첫날 저녁에는 무스타파 케말 아타튀르크Mustafa Kemal Ataturk(1881~1938)**의 초상화를 응시하며 다섯 시간 동안 서 있었다. 곧이어 단순히 멈추고 있거나 가만히 서 있는 행동으로 이루어진 유사한 시위가 터키 전역에 퍼졌다.

그것은 천안문의 '탱크맨'이나 최근 보스니아의 옐레나 토피치Jelena Topić가 보여준 침묵 시위를 연상시키는 멋진 전략이었다. 왜 그것이 좋은 전략일까? 비폭력은 폭력시위보다 훨씬 대처하기 어렵기 때문이다. 현 정부는 가만히 서 있을 뿐인 사람들을 체포하고 싶어 했고 물론 결국에는 그들을 체포했다.

터키 국립 오페라 발레단 단원들과 에르뎀 귄뒤즈는 뉴댄스 그룹New Dance Group의 유명한 슬로건을 따라 했다. 뉴댄스 그룹은 두 명의 유대인 무용학교 학생들이 "춤은 계급투쟁의 무기다"라는 공표하에 뉴욕에서 1932년에 만든 노동자계급 춤 단체이다.

* 터키 반정부 시위. 2013년 이스탄불의 게지 공원 재개발 반대 시위로 시작되어 대규모 반정부 시위로 확대되었다.
** 터키의 초대 대통령으로 터키의 근대화를 이끌었으며 정치와 종교를 분리하는 세속주의를 채택했다. 현 정부의 에르도안 총리는 이슬람주의를 표방하고 있다.

뉴댄스 그룹은 이상적인 무용단이 갖추어야 할 듯한 주요 발상을 내세웠다. 즉 무용가들 외에 평범한 노동자들도 끌어모았다. 학생들은 10센트를 내고 무용 수업, 사회적 주제에 기반을 둔 즉흥 연기, 사회적 문제에 대한 토론 수업을 각각 한 시간씩 받을 수 있었다. 알다시피 1932년에는 뉴욕에 있는 11개의 노동자 댄스 그룹이 모여 노동자 춤 연맹Workers' Dance League을 만들었다. 노동자 춤 연맹, 그것이 바로 오늘날 우리에게 필요한 것이다. 적어도 춤이 항상 '순수예술'은 아니며 정치적 행동이기도 하다는 점을 아는 무용가들이 필요하다.

이제 섹스의 문제로 돌아가자. 섹스가 그 자체로 수단으로서, 즉 계급투쟁의 무기가 아니라 즐거운 최종 목표로 인식된다면 전혀 혁명적이지 않다. 안드레아스 바더의 잊지 못할 발언, "섹스나 총 쏘는 것이나 마찬가지다"는 말은 전적으로 옳다. 그러나 섹스가 총 쏘는 것보다 더 중요한 일이 될 때 진짜 문제가 나타난다. 그리고 그 반대로 오로지 총 쏘는 것만이 중요해질 경우도 마찬가지다.

코뮌 1 외에도 섹스를 총 쏘는 것보다 더 중요한 일로 여긴 가장 전형적인 집단의 예가 있다. 바로 미국판 적군파인 웨더 언더그라운드Weather Underground이다. 미국의 베트남전쟁 반대운동은 독일의 68운동과 같은 방향을 취해 폭탄을 사용한 폭력만이 아니라 '성해방'도 주장했다. 웨더 언더그라운드 일원들은 비폭력이 성공할 수 있는 전술이 아니라고 여기고 '일부일처제 철폐'를 위해 공동 주택으로 이주했다. 그들은 독점적인 남녀 관계가 여성의 종속이라

는 오래된 양식을 강화한다고 여겼다. 1960년대 과격파 학생 대표
였고 웨더 언더그라운드의 일원으로 도피 생활을 한 마크 러드Mark
Rudd가 잘 설명해주듯이 '일부일처제 철폐'를 위한 한 방법은 다음
과 같았다.

극단적인 성경험. 모두가 집단 성교, 동성애, 가벼운 성관계를 시
도했다. 우리는 과거의 억압에서 벗어나 혁명적 미래로 향하고자
했기 때문이다. …… 섹스는 인간관계에서 가질 수 있는 최고의 친
밀함이므로 우리는 일부일처의 부부관계에서가 아니라 모든 구
성원들이 그러한 친밀함으로 연결된 정치적 단체를 만들고 있었
다.[11]

그러나 이는 특수한 대가를 치러야 했다. 웨더 언더그라운드
의 다른 일원인 빌 에어스Bill Ayers는 회고록《도주의 나날들Fugitive
Days》에서 이렇게 말했다. "일부일처제 철폐는 많은 에너지 — 정
치 노선의 일부는 과거의 모든 습관과 문화적 제약을 포기하고 우
리 자신을 사심 없는 투쟁 도구로 만드는 것이었다. 우리는 반청교
도적 경찰이었다 — 를 필요로 했고 무슨 일이 있든 섹스를 해야 했
다."[12]

그렇다. 에어스의 말도 여전히 파격적인 것으로 들릴지 모르지
만 이 '성해방'의 진정한 문제는 마크 러드의 회고록에서 찾을 수
있다. 다음을 보자.

나로서는 어떤 공동체에서든 아무 여자에게나 접근할 수 있다는 것은 자유를 의미했다. 그리고 내 대표적 지위가 주는 분위기와 힘 덕분에 나는 거부당하는 일이 거의 없었다. 이로써 내 인생에서 두 번째 환상이 실현되었다. 내가 원하는 아름답고 강한 여성 혁명가 들을 거의 모두 가질 수 있었다.[13]

그의 환상이 이루어진 첫 번째 시기는 언제였을까? 그가 민주 사회학생연합(SDS)의 의장이 되었을 때였다. 1968년에 그는 컬럼 비아대학이 베트남전쟁에 자금을 제공한 데 항의해 캠퍼스 내 건물 다섯 곳의 점거를 이끌었다. 여러모로 그는 학생 조직화와 대규모 시위를 대표하는 얼굴이 되었고 미국 전역을 다니며 다양한 학교에 서 회담을 개최했다. 그의 사진은《뉴욕타임스》와《뉴스위크》에 실 렸으며 그는 스타가 되었다. 이 기간에 대해 그는 다음과 같은 고백 을 했다.

나는 뉴욕에 새로 사귄 여자친구가 있었지만 여행 중에 만난 누군 가와 자는 것에 대해 거리낌이 없었다. 나는 성중독자였다. 오랫동 안 나는 많은 여자들과 성관계를 하겠다는 성적 환상을 실행하고 있었다. 섹스한 여자들의 수가 내가 매력적이고 남성적이라는 점 을 증명해주는 것처럼 보였다. 때로는 자기 전에 고등학교 때부터 성관계를 가진 여자들의 수를 세어보곤 했다.[14]

이 이야기를 어떻게 이해할 수 있을까? 물론 러드는 냉소적이고 스스로를 비꼬지만 이 고백은 '일부일처제 철폐'가 초기에는 전복적인 행동이었을지 몰라도 실제로는 전혀 전복적이지 않았다는 점을 보여준다. 자신의 남성성을 증명하기 위해 섹스한 여자 수를 세어보는 러드 같은 '성중독자'에게나 유용하다는 점을 증명했을 뿐이다. 루디 두치케의 말이 옳았다. 남녀 간의 성적 교환은 사이비 혁명의 찬조하에 부르주아 교환 규칙을 적용하는 것일 뿐이다. 여기에서 우리는 레닌의 '물 한 잔 이론' 비판을 다시 생각하게 된다.

후희|Afterplay

사랑의 급진성

이와 같은 온갖 사랑의 형태와 도착을 살펴보았으니 우리는 진정한 사랑의 급진성이 무엇이 될지 또는 무엇이 될 수 있는지 마침내답할 수 있게 되었을까? 앞서 보았듯이 혁명은 몇 가지 가능성 있는암시 또는 가르침까지도 준다. 즉 혁명적 순간을 처음 접했을 때처럼 사랑에 빠져야 한다. 사랑에 빠지지 않는 한 사랑은 없다. 한쪽에서 이 빠져듦은 광장을 점거하거나 총알 세례를 받는 믿기 힘든 순간에 존재한다. 다른 한쪽에선 누군가와 눈이 마주친 순간 갑자기마비된 채 이미 사랑에 빠져 있음을, 빠지고 있음을 확신할 수 있게된다.

사랑에 일어나는 최초의 급진적인 결과는 당신이 당연하게 여겨온 모든 것, 일상생활 전반의 토대, 과거와 미래를 이 새로운 현재가 근본적으로 그려냄으로써 당신의 과거와 미래를 재구성하는것이다. 그런데 이것이 사랑인가? 아니다. 좀 더 정밀해야 한다. 그것은 사랑으로 변할 수도 있는 무언가의 첫 번째 급진적 결과이다. '사랑에 빠지는 것'이라는 행위는 아직 사랑이 아니다. 그것은 이슬 람 신비주의자들이 하와라고 부르는 것이다. 홉브의 단계에 도달 할 경우에만, 불순물이 물항아리의 바닥에 가라앉을 때에만 하와 이상의 무언가가 될 수 있다. 그러나 여기에는 새로운 위험이 숨어 있다. 그것은 홉브가 연인에게만 맹목적이 되어버리는 이슈크가 되 는 것이다.

달리 말하자면 빠져듦 직후(그것은 여전히 '빠져듦'의 일부이 다) ― 진정한 빠져듦이었다면 ― 에 연인에 대한 집착, 고립에 대한 충동이 오게 된다. 즉 오로지 나와 연인만이 중요해지며 그 밖의 세 상, 어머니나 친구에게도 관심을 갖지 않게 된다. 가장 좋은 예는 베 르톨루치의 〈파리에서의 마지막 탱고 Last Tango in Paris〉(1972)에서 볼 수 있는 원초적인 고립의 장면이다. 폴(말론 브란도)과 잔느(마리아 슈 나이더)는 바깥세상과 접촉 없이 버려진 아파트에서 지내면서 문명 사회와 연결되는 모든 것, 즉 이름, 언어 그리고 당연히 옷도 거부한 다. 이 치명적인 빠져듦은 언제 붕괴되는가? 그들이 아파트를 떠난 순간, 잔느가 그 격정적인 정사 동안 알고 싶어 했던 사실이 마침내 밝혀지는 순간이다. 폴은 외진 곳에 위치한 호텔의 주인이고 최근 에 아내가 자살을 했다는 것 등이다. 그들의 관계는 가학피학성 변 태성욕(마룻바닥 위에서 마리아 슈나이더의 항문에 버터를 바르는 아주 유명 한 장면이 전형적인 예이다)에 가까웠지만 결국 빠져듦을 극복하고 사 랑에 도달하는 사람은 폴이다.

그는 잔느에게 다가가 말한다: "또 만났네."

잔느는 대답한다: "끝났어요."

폴: "맞아. 끝났지만 이제 다시 시작하는 거야."

잔느: "뭘 시작해요? 난 더 이상 이해를 못하겠어."

폴: "이해할 건 없어. 아파트에서 나왔지만 이제 다시 사랑하는 거야."

잔느: "이제 다시?"

폴: "그래, 들어봐. 난 마흔다섯 살이야. 홀아비지. 작은 호텔 하나를 갖고 있어. 좀 엉망이지만 아주 싸구려 여관은 아니지. 나는 되는 대로 살아왔고 결혼을 했고 아내가 자살했어."

치명적인 빠져듦이라는 게 있다면 〈파리에서의 마지막 탱고〉에 존재한다. 그러나 우리가 여기에서 볼 수 있는 것은 더 큰 위험성, 솔직함, 완전히 새로운 세계의 여지이고 그로 인한 모든 위험이 빠져듦 후에 오는 다음 단계로 인해 시작된다. 베르톨루치의 순간에 대한 모든 해석에서 간과되는 것이 바로 이 순간이다. 정말 충격적인 장면은 사도마조히스트적인 성교, 영화를 훨씬 넘어선 말론 브란도와 마리아 슈나이더의 격정적인 성관계가 아니다. 그게 아니라, 정말 충격적인 균열은 두 사람이 아파트를 떠나자마자 일어난다. 사랑에 대한 첫 번째 급진적인 시험은 아파트를 떠나자마자 나타난다. 일단 가면을 벗어버리자 수치스러운 모든 세부적인 일을 알게 되는 순간이 왔다(45세, 홀아비, 호텔 주인 등).

절대적인 고립에 대한 욕구에는 오직 한 가지 결과만이 있을 수 있다. "그리고 그들은 그 후 행복하게 살았습니다" 같은 환상적인 결말을 접어둔다면 말이다. 또 다른 20세기 걸작 영화인 릴리아나 카바니의 1974년 작 〈나이트 포터Il portiere di notte〉에도 그 점이 잘 표현되어 있다. 이 영화를 보면 폴과 잔느가 게임을 계속해나가며 그들의 가면을 벗지 않았다면 무슨 일이 일어났을지 알 수 있다.

영화는 전직 나치 친위대원과 강제수용소 수감자의 재회를 다룬다. 빈 호텔의 야간 지배인으로 일하는 막스(더크 보가드)는 전 친위대원 동료들의 감시를 받고 있다. 친위대원들은 강제수용소에서 시작돼 10년이 지난 지금, 그와 루치아(샬롯 램플링)의 은밀한 성적 관계를 추측하고 끝내 밝혀내어 결국 그들의 관계는 마지막에 이른다. 두 사람이 관계를 이어갈 수 있는 유일한 방법은 그의 아파트에 숨는 것이었다. 그들의 강박적인 사랑은 강제수용소 특유의 상황을 다시 만들어내고 고립 상태는 편집증이 되어버려 아파트를 나가지 못할 정도에 이른다. 그들은 음식이 모두 떨어져서 아감벤이 '벌거벗은 삶'이라고 부를 만한 굶주림의 상태에 처해, 매일의 생계가 동물의 수준으로 떨어져버리고 만다. 그 상태에서 그들이 빠져나갈 수 있는 유일한 방법은 '명예로운' 죽음만 남게 된다. 결국 각각 나치 친위대원과 강제수용소 수감자 복장을 한 막스와 루치아는 손을 잡고 다리를 걸어가다 죽음을 맞는다.

고립은 다른 사람을 소유하려는 욕망으로 이루어진다. 그런 점에서 고립은 본질적으로는 불가능한 일이다. 그것은 불가능한 장소이고, 연인들은 그 점을 알지만 그 불가능성을 얻으려 애쓴다.

그 점은 장 보드리야르Jean Baudrillard(1929~2007)가《숙명적 전략Les Stratégies fatales》에서 아름답게 기술했다.

누군가를 사랑한다는 것은 그 사람을 세상에서 고립시키고, 그의 모든 흔적을 없애며, 그에게서 그림자를 빼앗고, 위험한 미래로 끌고 가는 것이다. 그것은 죽은 별처럼 다른 사람의 주위를 돌면서 흡수해버리는 것이다. 그것은 인간의 과도한 독립성 요구에 모든 것을 거는 것으로서, 사랑한다는 것은 그럴 수 있다. 그래서 사랑한다는 것은 거의 틀림없이 열정이 된다. 즉 사랑의 대상은 이상적 목표로서 내재화되고 유일한 이상적 대상은 죽은 자라는 점을 우리는 알고 있다.[1]

보드리야르의 생각에는 한 가지 문제가 있다. 사랑에 빠지는 것과 사랑의 차이를 정말로 이해하기 위해서는 작지만 중요한 세부 사항이 추가되어야 한다는 점이다. 독립성 요구는 사랑에 빠지는 행위에서 나타나는 특징이지만, 사랑은 그와 완전히 상반된다. 죽은 별처럼 다른 사람 주위를 돌면서 흡수하는 것은 급진적이지 않다. 그것은 마이클 하트Michael Hardt(1960~)가 말한 '동일자의 사랑love of the same'으로서, 차이를 지움으로써 통합하는 것이며 자기애적 형태의 사랑이다.

그렇다면 코뮌 1이나 웨더 언더그라운드 같은 68세대가 '자유로운 사랑'으로 이해했던 것이 해결책이 될 수 있을까? 즉 한 사람이 아닌 여러 사람과 관계를 갖는 것이다. 우리는 공동의 사랑에서 오는 즐거움에 도달하기 위해 질투와 개인주의를 포기하게 될까? 앞서 언급한 '자유로운 사랑'의 형태(도착)로 이해하기 충분하지 않다면 더 멀리 나아가야 할 것이다. 두 여자와 이중생활을 하면서 그 관계 속에서 큰 괴로움을 겪은 사람의 이야기가 도움이 될지도 모르겠다. 다니엘 벤사이드Daniel Bensaïd (1946~2010)*는 회고록에서 말한다.

> 수년간 도덕으로부터의 해방과 사적 생활의 성역화를 공격하면서 활동가들은 시대에 뒤처진 관계와 정절에 대한 편견에서 벗어나고자 애썼다. 엄숙한 공동의 해방 선언에도 불구하고 개인들도 질투와 골칫거리에 직면해서는 모두 동일한 반응을 보이지는 않았다. 오래된 아담(또는 이브)의 습성은 쉽게 벗겨지지 않았다. 정치 권력은 공격을 통해 전복시키고, 소유 관계는 법의 판결을 통해 혁명화할 수 있다고 기대할 수 있었지만 오이디푸스 콤플렉스나 근친상간 충동은 법령으로 없앨 수 없었다. 사고방식과 문화의 변화는 장기 지속의 문제이기 때문이다.[2]

사르트르Sartre에게 쓴 보부아르Simone de Beauvoir의 편지를 보면 '투명하고', '개방적인' 관계를 대표하는 이 불멸의 인물들조차 서

---

* 1968년 5월혁명 당시 프랑스 학생운동을 이끌었다. 이후 프랑스를 대표하는 좌파 지식인으로 평가받았고, 파리 8대학 철학과 교수로 재직했다.

로에게 일어날 수 있는 연애를 받아들이기로 한 합의에 항상 행복하거나 만족한 것은 아니었다는 점을 알 수 있다. 보부아르도 질투를 느꼈고 흔히 생각되었던 것과 달리 사르트르에게서 그렇게 독립적이지는 않았다. 1939년 10월 26일, 보부아르가 쓴 편지를 읽어보면 그 점을 엿볼 수 있다.

이미 말했듯이 사람들에 대한 당신의 감정은 질투하지 않아요. 하지만 당신에 대한 사람들의 감정은 질투가 나요(그저 소설의 주제만은 아니에요!). 사실 반다는 신경 쓰이지 않아요. 그녀의 작은 정신 속에서 당신은 내가 사랑하는 사람과는 아주 다른, 특이한 존재일 뿐이니까요. 하지만 비넨펠트는 나를 초조하게 만들어요. 그녀는 당신에 대해 더 진지하게 생각하고 있고, 너무 불안한데다 자만해 하면서 당신에 대한 사랑을 이론화하기 때문이에요. 게다가 그 사랑은 자체로 확실한 폭력성을 갖고 있어요. 당신이 곁에 있을 때는 우리의 사랑이 가장 진실하다는 것을 아주 잘 알고 있지요. 하지만 멀리서 당신이 다른 마음을 좇는 것을 보는 것은 괴로워요. 현재 ─ 때로는 그래요 ─ 로서는 반다 코자키에비치나 비넨펠트 없이, 당신하고만, 오로지 당신과 나만 있었으면 좋겠어요. 그게 바보 같다는 건 알지만 ─ 당신이 있다면 다른 누가 있든 간에 당신과 나만 있는 것이죠 ─ 당신은 멀리 떨어져 있어요. 오 당신, 너무나 사랑해요. 진정으로 당신을 사랑해요. 당신이 열렬히 필요해요. 오 작은 그림자, 살과 피가 되어줘요. 당신이 그 작은 팔로 나를 안

아줬으면 좋겠어요!³

　이처럼 혁명의 지원하에서 사랑의 변화는 전혀 쉬운 일이 아니다. 알렉산드라 콜론타이의 〈부부 관계 영역 내 공산주의 도덕에 대한 테제〉(1921년 발표) 중 네 번째 가설을 보부아르의 경우에 적용해봄으로써 실험을 해볼 필요가 있다. "사랑하는 사람에 대해 질투심이 많고 소유적인 태도는 상대를 동료로서 이해하고 그 또는 그녀의 자유를 받아들이는 태도로 대체되어야 한다. 질투는 공산주의 도덕이 승인할 수 없는 파괴적인 힘이다."⁴ 이제 보부아르의 편지를 다시 읽어보라! 그녀가 사르트르의 무수한 연애를 더 이상 볼 수 없어서 공산주의 도덕을 침해하고 위반했는가? 레닌의 '물 한 잔 이론' 비판은 콜론타이의 '자유로운 사랑'이 실제로 무엇을 의미했는지를 이해하는 데는 적절하지 않았지만 보부아르가 빠져버린 교착 상태는 이미 예견하고 있었다. 보부아르와 사르트르가 추구했던 것은 '두 사람의 코뮤니즘'이었고 그들은 콜론타이가 〈공산주의 도덕에 대한 테제〉에서 제시한 바를 실현했다. 그리고 콜론타이의 테제가 실제에서 어떻게 기능하는지 보고 싶다면 그 두 사람의 특수한 관계를 보아야 할 것이다. 그렇다. 결국 그 테제는 작용했다고 말할 수 있겠지만…… 전혀 쉬운 일은 아니었다!

　여러 가지 중에서도 콜론타이가 옳았던 점은 (오늘날까지 사랑에 대한 가장 급진적인 해석이라고 말해야 할 것이다!) 소유 범위의 문제였다. 그녀가 제시한 새로운 사랑의 도덕성에 대한 테제는 연인들이 서로를 소유 관계로 대하고 때로는 상대방이라는 존재의 마음을 사유화하는 생각에 반대하는 것이었다. 가장 내밀한 영역의 사유화는 여전히 성관계에서 문제가 된다. 콜론타이의 '자유로운 사랑' 개념은 성적 관계를 부르주아적인 소유욕으로부터 해방하는 것을 의미하는 것으로, 그 개념은 오늘날의 사랑에 대한 이해에서 가장 중요하다. 레닌 — 클라라 제트킨과의 토론에서 볼 수 있듯이 — 은 가벼운 성적 만남(사적이고 성적인 혜택을 위해 남자들이 여자들을 상대로 갖는 만남)이 종종 착취적이고 무책임한 결과(공동 양육을 위한 사회적 자원이 제공될 수 없는 상황 속에서 여자들에게 아이를 돌보게 한다는 점에서 무책임하다)로 이어진다는 콜론타이의 생각을 이해하지 못했다.

소비에트 내각의 유일한 여성이자 역사상 최초로 정부 관료로 인정받은 여성으로서 콜론타이는 자신이 시행한 진보적인 조치(모성보호소와 탁아소를 국영화하려 한 활동)가 완전히 정반대의 것, 사랑이 추방된 디스토피아적 미래로 변하는 것을 예견하지 못했다. 크메르 루주Khmer Rouge라고 불린 실험을 살펴본다면 SF 소설이나 〈더 기버The Giver〉(이 사회에서는 감정이 전혀 허용되지 않고 아이들은 각 가정에 배정된다) 같은 영화를 볼 필요도 없을 것이다.

우선 1921년에 열린 제3차 전 러시아 지역 여성부 대표자 소비에트 대회에서 콜론타이가 발표한 〈성매매와 그에 대항하는 방법〉에 대한 연설을 보자.

부르주아 사회는 결혼한 부부가 집단에서 배제되고 격리되는 것을 승인했습니다. 원자화되고 개인주의적인 부르주아 사회에서 가족은 삶의 풍랑으로부터 벗어날 수 있는 유일한 보호소였고, 적대감과 경쟁으로 이루어진 바다의 조용한 항구였습니다. 가족은 독립적이면서도 폐쇄적인 공동체입니다. 공산주의 사회에서는 그렇게 될 수 없습니다. 공산주의 사회는 강한 집단의식을 전제하므로 내향적이고 고립된 가족 집단이 존재할 가능성이 배제됩니다. 현재로서는 친족 관계, 가족 그리고 결혼생활조차 약화되고 있다고 여겨질 수 있습니다. 노동자계급 사람들 사이에 새로운 유대 관계가 구축되고, 공동체 내에 동지 관계, 공동 이익, 공동 책임, 신용이 도덕성의 최고 원칙으로 확립되고 있습니다.[5]

특히 오늘날에는 원자화되고 개인화된 가족 단위가 자본 축적을 위한 완벽한 전제조건이라는 점은 잘 알려져 있다. 토마 피케티 Thomas Piketty는 장기간에 걸친 부와 상속 재산의 변화에 대한 경험적, 이론적 연구를 제공한다. 그러나 공산주의 사회들은 실제로 이런 경향을 철폐했는가 아니면 당의 특권 계급은 상속 재산으로 재산 축적을 이루는 다른 경우에 불과한가? 콜론타이가 추구한 가족 제도 해체의 최종 결과를 보고 싶다면 캄보디아의 크메르 루주에 주목하는 것을 두려워해서는 안 된다.

콜론타이와 마찬가지로 크메르 루주는 — 공산주의에 대한 그들 자신의 터무니없는 비전에서 — 특별한 단위로서 고립되어 있는 '부부'가 공산주의의 이해에 부합하지 않으며, 개인의 이익은 공동체에 종속되어야 한다고 주장했다. 1975년에 공식적으로 권력을 장악한 크메르 루주 정권이 새 인민을 만들기 위해 개인적인 소유물(안경, 기념품 등)을 모두 없애려 했다는 사실은 잘 알려져 있다. 공동체의 구성원들이 함께 식사를 해야 하는 사회를 만들었으며 오로지 숟가락 소유만이 허용되었고 다른 모든 물건은 함께 써야 했다. 그리고 이것이 전부가 아니다. 크메르 루주 혁명에서 가장 중요한 점은 가족 단위의 변화였다.

최근 몇 년 전에야 캄보디아 특별재판소(ECCC)의 활동 덕분에 캄보디아 전역의 거의 모든 마을에서 체계적이고도 폭넓게 행해진 강제 결혼이 더욱 자세히 알려졌다. 1975년에서 1979년 사이에 위협적인 정체불명의 무법적 '조직', 앙카르Angkar는 적어도 25만 명에 이르는 15세에서 35세 사이의 캄보디아 여성들에게 강제 결혼을 시켰다. 물론 그 일이 어떤 식으로든 콜론타이의 '자유로운 사랑'과 관계가 있을 수 있는지 의아해하는 반응이 나오는 것은 자연스러울 것이다. 강제 결혼은 '자유로운 사랑'과 완전히 반대되는 것이 아닌가? 그렇지만 크메르 루주가 만들어낸 악몽은 국가가 유일한 가족이고 개인은 공동체의 일부여야 한다는 점에서 콜론타이와 동일한 생각에서 발전한 것이다.

실제로 결혼은 당사자들의 선택이나 동의 없이 조직의 독단대로 강제되었다. 그리고 가족보다 국가에 더 충실하리라 여겨지는 다음 세대의 노동자들(새 인민)을 생산하기 위해 성관계를 하도록 압박을 받았다. 가족 간의 유대를 끊고 결혼 상대를 선택할 결정권을 인민들에게서 빼앗음으로써 이제는 국가가 사랑까지 통제하기에 이르렀다. "특히 체제가 체계적이고 광범위한 강제 결혼을 시행함으로써 가족 유대를 끊어버리고 인민들이 결혼 상대를 선택할 주요 결정권을 빼앗아 국가에 맡기게 함으로써 정권에 대한 충성심을 보장하려 했다."[6]

오늘날 그 결과는 무엇인가? 의료제도와 보육제도를 포함한 '복지국가'가 전 세계에서 매일 붕괴되고 있는 현 신자유주의 교착상태에서 콜론타이의 급진적 복지개혁과 실현되지 않은 입법 발의안('여성의 국유화'라는 잘못된 명칭으로 알려져 있는)은 다른 세상의 SF 소설 같다. 이 급진적 세상에는 기아보호소, 요양원, 고아원, 가난한 사람들을 위한 무료 병원, 전반적인 연금제도, 교육제도 등이 포함되어 있었다.[7] 그것은 여전히 그리고 특히 오늘날 공산주의라는 명목에 가까이 가고자 하는 모든 급진적 정치의 기준으로 남아 있다.

다른 한편으로는 여기에서 심각한 문제를 접하게 된다. 복지에 대한 발상이 사랑에도 적용된다면 '사랑의 국유화'라고 부르게 될 것이 되고 말 것이다. 진보적인 모든 국가는 10월혁명 초기에 그랬듯이 결혼, 이혼, 동성애 관계 등을 다루는 입법기관을 가져야 하는데, 21세기의 많은 국가들, '문명화된 서구'조차도 그런 진보적 개혁에 이르기까지는 몇 세기나 떨어져 있다. 그러나 국가가 인간의 삶에서 가장 은밀한 영역에 개입하기 시작하자마자 크메르 루주의 디스토피아로 끝나버릴 수도 있다. 이 콤플렉스가 주는 교훈은 레닌과 콜론타이의 토론에서 윤곽이 드러난다. 레닌이 감정을 억제했던 것(《열정 소나타》의 예를 기억해보라) 또는 '물 한 잔' 이론에 대한 콜론타이의 견해는 두 경우 모두 옳거나 그르지 않다. 첫 번째와 두 번째 태도 중 한 가지를 선택하는 것이 아니라 세 번째 태도를 선택하는 것이 필요하다. 그런 점에서 체의 사랑 이야기는 적어도 세 번째 태도가 어느 방향을 취해야 할지 어느 정도 암시를 준다. 사랑하는 사람과 혁명 모두에 헌신하는 것이 진정한 사랑의 급진성이다.

연인들(두 사람)과 제3의 층위(혁명)라는 세 요소로 이루어지는 관계는 뜻밖에도 삼위일체Trinity에 이르게 된다. (진정한) 그리스도교 신앙에서 사랑은 하느님의 사랑을 나타낸다. 하느님은 사랑이고 모든 사랑의 기초에 있다. 그리스도교 신학은 사랑인 하느님 안에서 삼위일체를 발견한다. 즉 성부, 성자, 성령은 사랑의 관계에 있는데, 이를 삼위의 상호 내재성Perichoresis이라고 부른다. 그림 3의 보로메오 고리 또는 삼위일체 방패Scutum Fidei가 그 관계를 잘 보여준다.

도표 3. 보로메오 고리 또는 삼위일체 방패

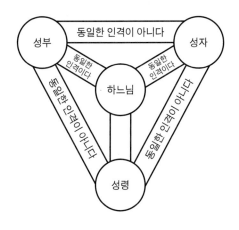

여기에서 볼 수 있는 것은 상호 내속으로서 성부, 성자, 성령이 무지향적이고 동일하지 않은NON EST 관계를 맺고 있는 성삼위 상호 내재성이다. 성부, 성자, 성령 사이의 관계는 상보적 관계가 없는 사랑인데, 상보성은 상호적 양립 가능성을 의미한다. 그리스도교 사랑의 개념에서 이상적인 것은 상호 보완적인 사랑이 아니다. 남자와 여자는 양립 가능하지 않지만 중요한 점은 두 사람(남자와 남자 또는 여자와 여자조차)이 서로를 하느님의 반영으로 인식하고 성부와 성자처럼 사랑하고 존중하는 데 있다. 누구도 상대가 갖고 있는 것(또는 가지고 있지 않은 것)을 주지는 않지만 각각 상대를 위한 공간과 자유가 가능하게 한다.[8] 그러므로 진정한 사랑은 동일한 인격을 가진 자와 동일하지 않은 관계를 맺는 것이다. 그것은 그리스도교 신학에서는 하느님이 되겠지만 우리는 혁명이라고 부르지 못할 이유가 있을까?

옮긴이의 말

사랑으로 저항하기

2011년 아랍의 봄, 뉴욕의 월가 점령운동, 스페인의 분노하라 시위, 2013년 터키의 반정부 시위 그리고 2016년 한국의 촛불집회는 제각기 다양한 저항 방식과 조직화되지 않은 직접행동의 실천을 통해 새로운 저항 방식을 보여주었다. 열띤 호응과 관심 속에서 이루어진 그 대중 시위들은 동일한 배경, 조직 방식, 주장으로 이루어지지도, 동일한 결과를 가져오지도 않았다. 그리스와 스페인에서는 유럽의 재정위기로 인한 긴축 정책에 반대하는 시위 이후 시리자와 포데모스 등 신좌파 세력이 부상했다. 다른 한편 이집트에서는 '해방'이라는 뜻의 타흐리르 광장을 중심으로 번진 민주화 시위가 무바라크 독재정권 퇴진을 이끌어냈지만 이후 실시된 총선을 통해 선출된 무슬림형제단은 이슬람주의에 경도된 보수적 정치로 다시금 반정부 시위를 불러일으켰으며 결국 군부에 의해 축출되었다. 이러한 시위들이 어떠한 변화를 이끌어냈든 또는 이끌어내지 못했든 간에 하나의 공통점이 있다. 저자는 그것이 "철저히 혼자지만 버림받지는 않았다는 느낌, 어느 때보다도 더 외로운 단독자이면서도 바로 그 순간 전과 비할 바 없이 단단하게 다중과 연결되어 있다는 느낌"이며 그 안에서 사랑의 가능성을 발견할 수 있었던 점이라고 보았다.

흔히 사랑은 사적 영역에 속한 것으로서 공적 영역에 속한 정치와는 구분된다고 또는 구분되어야 한다고 여겨왔다. 그러나 저자는 성적 욕망으로 팽배한 현대사회, 욕망을 억압하고 감춰버린 이란, 사랑을 외면한 과거의 혁명들 그리고 오로지 성해방만을 내세운 저항 사례를 살펴보면서 사랑과 욕망 없는 정치 그리고 사랑 없이 욕망의 해방만 내세운 저항의 위험성을 말한다. 알랭 바디우는 《사랑 예찬》에서 "위험 없는 사랑", "사랑에 빠지지 않고서도 사랑할 수 있다"는 광고 문구를 예로 들면서 최근 들어 사랑은 위험하고 두려운 대상이 되었다고 말한다. 그 광고가 역설적으로 '사랑에 빠지는 것'과 '위험'이 본래 사랑의 핵심 요소라는 점을 말해주며, '사랑에 빠지는 것'을 두려워하는 현대인의 나르시시즘을 보여준다는 것은 흥미롭다.

사랑은, 그것이 에로스적 사랑이든 인류애든 간에, 타자와의 만남에서 서로의 차이를 극명하게 발견하게 되는 폭력적인 경험이지만 아울러 완전히 새로운 세계를 접할 수 있게 해준다. 저자에 따르면, '사랑에 빠져듦'은 "결과가 어떻든 간에 위험을 무릅쓰는 것, 이 숙명적인 만남으로 인해 일상의 좌표가 변경되리라는 점을 알면서도, 오히려 바로 그런 이유에서 만남을 갈구하는 것"이다. 사랑과 정치가 연결되고 사랑의 진정한 급진성을 찾을 수 있는 여지는 나와 다른 차이를 인정하는 데서 시작된다.

　자기애적인 사랑에서 벗어나 진정한 사랑으로 '재발명'되지 않는 한, 시위도 축제로 끝나버리고 만다. 슬라보예 지젝은 2011년 월가 점령시위 연설에서 "스스로와 사랑에 빠지지 마라"라고 하면서 축제와도 같은 시위가 빠질 수 있는 위험을 경고했다. 시위자들이 다중과 함께한 경험에만 만족하고 그친다면 어떤 변화도 이끌어낼 수 없다. 지젝의 이 경고는 '평화와 축제의 장'이라는 2016년 한국의 촛불집회에도 적용될 수 있는 것이 아닐까? 평화집회가 일상에서의 변화로 이어지지 않는다면, 다름을 받아들이려 하지 않는다면 그리고 새로운 변화를 이끌어내기 위해 행동하지 않는다면 그저 순간의 자기만족과 즐거움에 그치고 말 것이다.

　저자는 몇몇 연대 행위에서 '사랑의 재발명'을 통한 다른 사회의 가능성을 본다. 2015년 노르웨이 오슬로에서 유대교 회당 공격을 규탄하며 인간 방패를 만들어 유대인 공동체를 보호하고자 한 이슬람교도들의 행동, 2011년 타흐리르 광장에서 인간 띠를 만들어 무슬림들을 보호한 기독교인들이나 1979년 강제적인 히잡 착용에 반대해 시위에 나선 이란 여성들을 탄압에서 보호하려 한 남성들이 보여준 행동은 종교, 성별 등의 사회적 차이를 넘어서는 사랑과 정치가 결합된 사건이었다. 사랑의 재발명 없이 정치의 재발명, 다른 사회의 재발명은 가능하지 않을 것이다.

2017년 2월 변진경

미주

전희: 사랑에 빠지기, 그것은 곧 혁명

1   Søren Kierkegaard, *Works of Love*, Harper Perennial, New York, 2009, pp, 51-52. (한국어판: 쇠얀 키르케고르, 《사랑의 역사》, 임춘갑 옮김, 치우, 2011.)

2   나는 여기서 Süleyman Derin의 훌륭한 저서 *Love in Sufism. From Rabia to Ibn al-Farid*, Insan Publications, Istanbul, 2008을 따른다.

3   *Love in Sufism*, p.199.

4   C. L. R. James, *The Black Jacobins*: *Toussaint L'Ouverture and the San Domingo Revolution*, Vintage, New York, 1989. (한국어판: 시 엘 아르 제임스, 《블랙 자코뱅-투생 루베르튀르와 아이티혁명》, 우태정 옮김, 필맥, 2007.)

1. 차가운 친밀성 시대의 사랑

1   Eva Illouz, *Cold Intimacies*: *The Making of Emotional Capitalism*, Polity Press, London, 2007을 보라. (한국어판: 에바 일루즈, 《감정 자본주의-자본은 감정을 어떻게 활용하는가》, 김정아 옮김, 돌베개, 2010.)

2   "Wir fordern die Enteignung Axel Springers – Gespräch mit dem Berliner FU-studenten Rudi Dutschke (SDS)," *Der Spiegel*, 10 July 1967, p. 32. http://www.spiegel.de/spiegel/print/d-46225038.html

3   www.grindr.com

4   Jamie Woo, *Meet Grindr*, Kindle Edition, 2013.

5 https://www.youtube.com/watch?v=qLblwVUEHyw

6 "Avec Tinder, du sexe et beaucoup de bla-bla", *Le Monde*, 9 August 2014. http://www.lemonde.fr/societe/article/2014/08/09/avec-tinder-du-sexe-et-beaucoup-de-bla-bla_4469392_3224.html?xtmc=tinder&xtcr=1.

7 https://www.youtube.com/watch?v=qLblwVUEHyw

8 https://www.youtube.com/watch?v=2C83tbuBmWY

9 https://www.youtube.com/watch?feature=player_embedded&v=lu4ukHmXKFU

10 https://www.youtube.com/watch?feature=player_embedded&v=6oxDsEVqnyY

11 Franco 'Bifo' Berardi, *Heroes: Mass Murder and Suicide*, Verso, London, 2015. (한국어판: 프랑코 비포 베라르디,《죽음의 스펙터클-금융자본주의 시대의 범죄, 자살, 광기》, 송섬별 옮김, 반비, 2016.)

12 http://www.fastcodesign.com/3028019/anti-social-network-helps-you-avoid-people-you-dont-want-to-see

13 http://ilovechrisbaker.com/cloak/

14 Charles Nicholl, *Somebody Else: Arthur Rimbaud in Africa 1880-91*, University of Chicago Press, Chicago, IL, 1999, p. 164.

2. 테헤란의 욕망

1 Gilles Deleuze & Félix Guattari, *Anti-Oedipus. Capitalism and Schizophrenia*, University of Minnesota Press, Minneapolis, MN, 2000, p. 118. (한국어판: 질 들뢰즈, 펠릭스 가타리,《안티 오이디푸스-자본주의와 분열증》, 김재인 옮김, 민음사, 2014.)

2 David Lloyd Hoffmann, *Stalinist Values: The Cultural Norms of Soviet Modernity*, 1917-1941, Cornell University Press, Ithaca, NY, 2003.

3 Imam Khomeini, *The Position of Women from the Viewpoint of Imam Khomeini*, Institute of Imam Khomeini's Works, 2000, p. 143.

4 샤Shah의 도시화 변화에 대한 상세한 정보를 보려면 다음을 참고하라. Talinn Grigot, "The king's white walls. Modernism and bourgeois architecture", in B. Devos & C. Werner (eds), *Culture and Cultural Politics Under Reza Shah: The Pahlavi State, New Bourgeoisie and the Creation of a Modern Society in Iran*, Routledge, London, 2014.

5 Hundertwasser, "Die Fensterdiktatur und das Fensterrecht," January 22,

1990. http://www.hundertwasser.de/deutsch/texte/philo_fensterdiktatur. php(http://www.hundertwasser.de/english/texts/philo_fensterdiktatur.php)

6 Peter Chelkowski & Hamid Dabashi, *Staging a Revolution: The Art of Persuasion in the Islamic Republic of Iran*. New York University Press, New York, 1999.

7 Khomeini, *The Position of Women*, p. 118.

8 http://rezahakbari.com/2014/01/25/pallet-band-protests-the-ban-of-showing-musicals-instruments-on-iranian-tv-by-miming/(http://www.rezahakbari.com/blog/2016/2/17/pallet-band-protests-the-ban-of-showing-musicals-instruments-on-iranian-tv-by-miming)

9 Khomeini, *The Position of Women*, p. 125.

10 Simurg Aryan, Homa Aryan, & J. Alex Halderman, "Internet Censorship in Iran: A First Look," in: Proceedings of the 3rd USENIX workshop on Free and Open Communication on the Internet, August 2013, https://jhalderm.com/pub/papers/iran-foci13.pdf

11 Collin Anderson & Nima Nazeri, "Citation Filtered: Iran's Censorship of Wikipedia," November 2013, http://www.global.asc.upenn.edu/fileLibrary/PDFs/CItation_Filtered_Wikipedia_Report_11_5_2013-2.pdf

12 George Orwell, *Nineteen Eighty-Four*, Signet Classic, London, 1950, p. 68. (한국어판: 조지 오웰, 《1984》, 정희성 옮김, 민음사, 2003.)

13 Blu Tirohl, "We are the dead... you are the dead: An Examination of Sexuality as a Weapon of Revolt in Nineteen Eighty-Four", *Journal of Gender Studies*, Volume 9, Issue 1, 2000, pp. 55-56.

14 George Orwell, *Nineteen Eighty-Four*, p. 113.

15 George Orwell, *Nineteen Eighty-Four*, p. 133.

16 브라이언 맥네어Brian McNair가 같은 제목의 책에서 사용한 신조어. *Striptease Culture*, Routledge, London, 2002.

17 https://pando.com/2014/07/15/irans-wildly-mixed-feelings-toward-social-media-continue-as-it-sentences-eight-facebook-users-to-a-combined-127-years-in-prison

18 http://www.theguardian.com/world/2010/dec/07/wikileaks-cables-saudi-princes-parties

19 http://musicfreedomday.org/wp-content/uploads/2012/02/MusicFreedomReport_Libya_UK.pdf

20 "WikiLeaks Cables Detail Qaddafi Family's Exploits," *The New York*

Times, February 22, 2011. http://www.nytimes.com/2011/02/23/world/africa/23cables.html?_r=o

21 http://www.theguardian.com/world/2009/sep/23/gaddafi-tent-ban-bedford-newyork

22 Saif al-Islam Alqadhafi, "The Role of Civil Society in the Democratization of Global Governance Institutions: From 'Soft Power' to Collective Decision-Making?", PhD Thesis, London School of Economics, submitted in September 2007.

23 "'Horrific': David Miliband's furious reaction as it emerges Gaddafi's son gave university lecture in his father's name." *Daily Mail*, 7 March 2011.

24 http://news.bbc.co.uk/2/hi/programmes/from_our_own_correspondent/4379499.stm

25 https://www.marxists.org/reference/archive/hoxha/works/1965/10/26.htm

26 Pardis Mahdavi, *Passionate Uprisings: Iran's Sexual Revolution*, Standford University Press, Stanford, CA, 2008, p. 57.

27 이 부분은 크로아티아의 톤치 발렌티치Tonči Valentić가 조언을 주었다.

28 일부 해석은 술이 실제 술이 아니라 사랑 등이라고 한다. 그러나 술을 술로 읽는 것도 이미 일종의 전복이다.

29 "Dutch king Willem-Alexander declares the end of the welfare state," http://www.independent.co.uk/news/world/europe/dutch-king-willemalexander-declares-the-end-of-the-welfare-state-8822421.html

30 이란 사회에서 이란 상인bazaaris의 중요한 역할에 대해 더 알아보려면 다음 책을 참고하라. Arang Keshavarzian, *Bazaar and State in Iran: The Politics of the Tehran Marketplace*, Cambridge University Press, Cambridge, 2009.

31 "Woman dies of acid attack in Esfahan, former top Iranian tourist attraction," *Iran News*, October 20, 2014; "Iran Investigation Acid Attacks on Women," Radio Free Europe/Radio Farda, October 19, 2014; "'Bad hijab' link to acid attacks on Iranian women," *al-Arabiyya News*, October 21, 2014; "Iran: Acid attack in Isfahan by organized gangs linked to the mullahs' regime," *Iran News*, October 20, 2014.

3. 10월혁명의 리비도 경제

1 https://www.marxists.org/archive/marx/works/subject/religion/book-

revelations.htm

2   Wilhelm Reich, *The Sexual Revolution: Toward a Self-Governing Character Structure*, Farrar, Straus and Giroux, New York, 1963, p. 185. (한국어판: 빌헬름 라이히,《성혁명》, 윤수종 옮김, 중원문화, 2011.)

3   Wilhelm Reich, "Preface to the Second Edition"(1936), in *The Sexual Revolution*, Farrar, Straus and Giroux, New York, 1986, xxvi-xxvii.

4   Dr E. B. Demidovich, *Sud nad polovoi raspuschchennost'iu* (Doloi negramotnost, Moscow and Leningrad, 1927), quoted from Eric Naiman, *Sex in Public: The Incarnation of Early Soviet Ideology*, Princeton University Press, Princeton, NJ, 1997, pp. 132-133.

5   Naiman, *Sex in Public*, pp. 135-136.

6   Naiman, *Sex in Public*, pp. 135-136.

7   Roland Barthes, *The Grain of the Voice. Interviews 1962-1980*, Northwestern University Press, Evanston, IL, 2009, p. 302. (한국어판: 롤랑 바르트,《목소리의 결정》, 김웅권 옮김, 동문선, 2005.)

8   C. J. Chivers, "A Retrospective Diagnosis Says Lenin Had Syphilis," *New York Times*, June 22, 2004.

9   Lynn Mally, *Revolutionary Acts: Amateur Theater and the Soviet State, 1917-1938*, Cornell University Press, Ithaca, NY, 2000.

10   Vladimir Mayakovsky, *The Bedbug and Selected Poetry*, Indiana University Press, Bloomington, IN, p. 286.

11   Clara Zetkin, *Reminiscences of Lenin*, 1924, http://www.marxists.org/archive/zetkin/1924/reminiscences-of-lenin.htm#h07.

12   Zetkin, *Reminiscences of Lenin*.

13   Zetkin, *Reminiscences of Lenin*.

14   V. I. Lenin, "Letters to Inessa Armand", January 24, 1915, in *Lenin Collected Works*, Progress Publishers, 1976, Moscow, Volume 35, pp. 182-185.

15   Lenin, "Letter to Inessa Armand".

16   Roland Barthes, *How To Live Together*, Columbia University Press, New York, 2013, pp. 87-88에서 인용. (한국어판: 롤랑 바르트,《어떻게 더불어 살 것인가》, 김웅권 옮김, 동문선, 2004.)

17   *Lenin I Gorkii: Pisma* (Moscow, 1958), pp. 251-252. 영어 번역서는 Maxim Gorky, *Days with Lenin*, Martin Lawrence, New York, 1932, p. 52.

18   R. C. Elwood, *Inessa Armand: Revolutionary and Feminist*, Cambridge

University Press, Cambridge, 2002, p. 177.

19   Angelica Balabanoff, interviewed by Bertram D. Wolfe (1953), http://
     members.optushome.com.au/spainter/Wolfe.html

20   http://www.marxists.org/archive/gould/2003/20030924b.htm#3

4. 체 게바라의 시험: 사랑인가, 혁명인가?

1   Che Guevara, *Guerrilla Warfare*, Rowman & Littlefield Publishers,
     Lanham, MD, 2002, p. 174.

2   Ernesto Che Guevara, *Che Guevara Reader: Writings on Politics &
     Revolution*, ed. David Deutschmann, Ocean Press, Melbourne, 2003, pp.
     225-226.

3   Libby Brooks, "Che Guevara's Daughter Recalls her Revolutionary
     Father," *The Guardian*, July 22, 2009.

4   Richard L. Harris, *Che Guevara: A Biography*, Greenwood, Santa Barbara,
     CA, 2010, p. 164.

5   *Che Guevara Reader*, p. 384.

6   Che Guevara, *The African Dream: The Diaries of the Revolutionary War in
     the Congo*, Grove Press, New York, 2001, p. 24.

7   Aleida March, *Remembering Che: My Life with Che Guevara*, Ocean
     Press, Melbourne, 2012, p. 168.

8   March, *Remembering Che*, p. 41.

9   March, *Remembering Che*, p. 50.

10   March, *Remembering Che*, p. 120.

11   Alain Badiou, lecture in Novi Sad, Serbia, January 14, 2015.

12   March, *Remembering Che*, p. 124.

13   March, *Remembering Che*, p. 129.

14   Ben Kenigsberg, "Guerillas in the Mist," *Time Out Chicago*, November
     13-19, 2008.

15   Friedrich Nietzsche, "On Reading and Writing," in *Thus Spoke
     Zarathustra*, Cambridge University Press, Cambridge, 2006, p. 28. (한국어
     판: 프리드리히 니체,《차라투스트라는 이렇게 말했다》, 정동호 옮김, 책세상, 2000.)

16   March, *Remembering Che*, p. 130.

5. "내 오르가즘에 문제가 있다면 베트남이 무슨 상관이겠어요?"

1   Dieter Kunzelmann, "Notizen zur Gründung revolutionärer Kommunen in den Metropolen," in Albrecht Goeschel (ed.), *Richtlinien und Anschläge, Materialen zur Kritik der repressiven Gesellschaft*, Carl Hanser Verlag, Munich, 1968, p. 100.

2   Kunzelmann, "Notizen zur Gründung revolutionärer Kommunen in den Metropolen,"

3   "Wir fordern die Enteignung Axel Springers – Gespräch mit dem Berliner FU-Studenten Rudi Dutschke (SDS)," *Der Spigel*, July 10, 1967, p. 32, http://www.spiegel.de/spiegel/print/d-46225038.html

4   Uschi Obermeier, *Das Wilde Leben*, Hoffman und Campe Verlag, Hamburg, 2000, p. 95.

5   Reinhard Mohr, "Obermaier Film 'Das Wilde Leben': Boxenluder der Revolution," *Der Spiegel*, January 25, 2007. http://www.spiegel.de/kultur/kino/obermaier-film-das-wilde-leben-boxenluder-der-revolution-a-462051html

6   Julia Müller, "Miss Kommune und ihr Leben zu acht," in *Twen*, Vol. 11, No. 6, 1969, p. 6.

7   "Wir fordern die Enteignung Axel Springers," p. 32.

8   Holger Meins, "Die Waffe Mensch," in Pieter Bakker Schut (ed.), *Das Info. Briefe von Gefangene aus der RAF aus der Diskussion 1973-1977*, Neuer Malik Verlag, Kiel, 1987, p. 65.

9   Meins, "Die Waffe Mensch," p. 67.

10 Ulrike Meinhof, "Ulrike Meinhof on the Dead Wring," in J. Smith & A. Moncourt (eds), *Red Army Faction, Volume I: Projectiles for the People*, PM Press, Oakland, CA, 2011, pp. 271-272.

11 Mark Rudd, *Underground: My Life with SDS and the Weathermen*, William Morrow, New York, 2010, p. 165.

12 Bill Ayers, *Fugitive Days: Memoirs of an Antiwar Activist*, Beacon Press, Boston, MA, 2009, p. 147.

13 Rudd, *Underground*, p. 164.

14 Rudd, *Underground*, p. 31.

후회: 사랑의 급진성

1 Jean Baudrillard, *Fatal Strategies*, Semiotext(e), Los Angeles, CA, 1998, pp. 135-136.
2 Daniel Bensaïd, *An Impatient Life: A Memoir*, Verso, London, 2014, p. 98.
3 Simone de Beauvoir, *Letters to Sartre*, Arcade Publishing, New York, 1992, pp. 142-143.
4 https://www.marxists.org/archive/kollonta/1921/theses-morality.htm
5 Alexandra Kollontai, *Selected Writings of Alexandra Kollontai*, Allison & Busby, London, 1977.
6 http://www.un.org/aps/news/story.asp?NewsID=44264&Cr=sexual+viole nce&Cr1=#.VMPCJUu9bwK
   http://www.un.org/apps/news/story.asp?NewsID=44264#.V0L- DTWLRdj?
7 Alexandra Kollontai, *The Autobiography of a Sexually Emancipated Communist Woman*, Prism Key Press, New York, p. 34.
8 카탈루냐의 테레사 포르카데스Teresa Forcades 수녀님께 감사를 전한다.

사랑의 급진성
욕망, 사랑, 섹슈얼리티, 쾌락의 힘 그리고 혁명에 대하여

초판 1쇄 펴낸날   2017년 2월 23일
초판 2쇄 펴낸날   2017년 4월 21일

지은이   스레츠코 호르바트
옮긴이   변진경
펴낸이   박재영
편집   강혜란, 임세현
디자인   스튜디오 모브
제작   제이오

펴낸곳   도서출판 오월의봄
주소   04032 서울시 마포구 양화로 133, 1605호
등록   제406-2010-000111호
전화   070-7704-5809
팩스   0505-300-0518

이메일   maybook05@naver.com
트위터   @oohbom
블로그   blog.naver.com/maybook05
페이스북   facebook.com/maybook05

ISBN   979-11-87373-14-8   03100

이 도서의 국립중앙도서관 출판시도서목록(CIP)은 e-CIP홈페이지(http://nl.go.kr/ecip)와
국가자료공동목록시스템(http://www.nl.go.kr/kolisnet)에서 이용하실 수 있습니다.
(CIP 제어번호 : CIP2017003818)

• 책값은 뒤표지에 있습니다. 잘못된 책은 바꾸어 드립니다.